90일 완성
돈   버는
평생 습관

일러두기
이 책의 화폐 단위는 국내 독자들의 이해를 돕기 위해 '원'으로 표기했으며 같은 이유로 평균 환율
(고시회차 최종, 매매 기준, 2016년 1월 4일~12월 30일 KEB하나은행 기준)인 1,069.38원을 따르는 대
신 1,000원을 기준으로 적용하였습니다.

TAMERARERU HITOWA, CHO SIMPLE by Mitsuaki Yokoyama
Copyright ⓒ 2016 Mitsuaki Yokoyama
All rights reserved.
Original Japanese edition published by DAIWASHOBO CO.,LTD.
Korean translation copyright ⓒ 2017 by Woongjin ThinkBig Co.,Ltd.
This Korean edition published by arrangement with DAIWASHOBO CO.,LTD., Tokyo,
through HonnoKizuna, Inc., Tokyo, and BC Agency

90일 완성 돈 버는 평생 습관

저절로 돈이 모이는 초간단 재테크

요코야마 미츠아키 지음 | 정세영 옮김

걷는나무

경제를 몰라도 숫자에 약해도
돈이 모이는 생활의 법칙

나는 매일 사람들을 만나 돈 이야기를 나눈다. 나이대도 다양하고 월수입도 천차만별이며 생활 환경도 각자 다르지만 신기하게 돈에 대한 고민은 거의 비슷하다.

"그럭저럭 돈을 벌고 있는데도 돈이 다 어디로 갔는지 남는 돈은 얼마 없어요."

"사 놓고 쓰지도 않을 것을 자꾸 사서 월급이 들어오면 신용카드 대금 갚기 바쁩니다."

"맞벌이를 하고 있고 절약하는 성격인데 이상하게 저축액이 늘지 않네요."

아마 이 책을 선택한 당신의 고민도 이와 크게 다르지 않을 것이다. 나는 이런 금전적 문제아들을 만나 문제점을 파악하고 해결책을 제시해 주는 일을 하고 있다.

당신이 돈을 모으지 못하는 이유

금전적 문제아란 열심히 돈 관리를 하는데도 생각만큼 돈이 모이지 않는 사람을 말한다. 잡지나 정보 프로그램에서 재테크 정보가 쏟아져 나오고, 인터넷에는 준전문가들의 다양한 돈 관리 노하우가 공유되지만 그 속에서 자기에게 맞는 방법을 찾지 못한 경우가 많다. 오히려 넘쳐 나는 정보들 때문에 겁에 질려 재테크를 포기한 경우도 적지 않다. 어디서부터 시작해야 할지 감을 잡지 못하는 사람, 숫자나 경제에 약해서 저축만 하는 사람, 얕은 재테크 지식으로 주식이나 펀드에 기웃거렸다가 손실을 입어서 다시는 도전 안 하는 사람 등 그 모습은 각양각색이다.

이론상으로는 돈을 어떻게 쓸지 완벽하게 계획을 세워서 그대로 관리하기만 하면 돈이 모인다. 하지만 사람 사는 일이 어디 계획대로만 되는가. 열심히 절약한 다음 날에는 조금 사치를 부리기도 하고, 갑작스럽게 예상치 못한 지출이 생기는 일도 한 달에 여러 번이다. 계획과 다르게 돌아가는 생활 모습을 들여다보면 감춰져 있던 돈이 새는 구멍이 드러난다. 이 문제를 해결하려면 재테크 투자 정보를 공부하기 전에 돈이 모이는 생활을 만들어야 한다.

돈을 모으지 못하는 사람을 돈을 모을 수 있도록 변화시키는 것, 그것이 내가 하는 일이다. 눈가림만 하는 임시방편이 아니라 근본적인 해결책으로 지금까지 1만 명 이상의 사람들을 목돈 만들기에 성공시켰다.

돈을 모을 때는 저축 방법이나 목표 액수에 몰두하기보다는 그 과정을 통해 인생과 삶을 대하는 방식이 어떻게 변해 가는지에 집중해야 한다. 다년간의 현장 경험을 살려 돈 모으는 일 자체에서 즐거움을 찾을 수 있도록 쉽고 간단한 방법을 만들었다. 이 책에 그 방법을 담았다. '일시적'으로 돈을 모으는 방법이 아니라 '근본적'으로 돈이 모이는 생활 체질이 되는 방법을 소개할 것이다. 공부도 그렇고 일도 그렇고 모든 일에는 기초가 중요하다. 재테크도 예외가 아니다. 돈을 불리는 재테크 스킬을 발휘하기 위해서는 돈을 모으는 기초 체력을 준비해야 한다.

돈 버는 체질로 바뀌는 90일 프로그램

다음은 내가 상담하면서 실제로 만난 금전적 문제아 고객들이다. 두 사람의 사례를 보고 이들의 문제를 해결하기 위해 어디서부터 손을 대야 할지 생각해 보자.

싱글남 **A**

28세 · 남성 · 1인 가구 (원룸 거주)
회사원 (웹디자이너)

· 야근이 많다. ·

· 월급 220만 원(실수령액 기준). ·

· 연 2회 보너스, 각 300만 원. ·

· 총 저축액 100만 원(최근 몇 년간 변동 없음). ·

· 동료들과 갖는 스트레스 해소용 술자리가 잦다. ·

· 취미는 쇼핑. ·

· 가계부 애플리케이션을 깔아 봤지만 작심삼일이었다. ·

· 방이 어수선하다. ·

· 눈앞의 일에 쫓겨 다른 일은 뒤로 미루는 성격이다. ·

**1000만 원을 모아
자신감을 얻고 싶다!**

주부 B

33세 · 여성 · 남편(37세)과 아이 둘(5세, 2세)
을 둔 4인 가구(임대 아파트 거주)

· 남편은 부동산 영업자로 일한다. ·

· 월수입은 영업 실적에 따라 달라져 250~500만 원 사이. ·

· 신용카드 사용량이 많다. ·

· 총 저축액 약 1500만 원. ·

· 가계 관리는 혼자 도맡아 한다. ·

· 휴일에 놀이공원에 가는 게 낙이다. ·

· 놀이공원 연간 회원권을 사서 한 달에 두 번은 간다. ·

· 집에는 물건이 가득하다. ·

· 습관적으로 인터넷 쇼핑을 한다. ·

· 가계부를 쓰고 싶지만 꾸준히 지속하지 못한다. ·

· 아이의 행사라도 겹치면 가계 상황이 마구 꼬인다. ·

**계약금 5000만 원을 모아
내 집을 마련하고 싶다!**

살펴보니 어떤 느낌이 들었는가? 두 사람의 어떤 부분이 가장 문제라고 생각하는가? 돈 관리를 못하는 게 가장 문제이니 다음 항목을 선택하지 않았는가?

- 가계부 애플리케이션을 깔아 봤지만 작심삼일이었다. — 싱글남 A
- 가계부를 쓰고 싶지만 꾸준히 지속하지 못한다. — 주부 B

많은 사람들이 돈과 직접적으로 관련된 항목을 꼽지만 사실 이들에게서 주목해야 할 부분은 바로 다음 항목이다.

- 방이 어수선하다. — 싱글남 A
- 집에는 물건이 가득하다. — 주부 B

뜻밖이라고 생각하는가?

금전적 문제아를 돈이 모이는 체질로 바꿔 준다고 해서 처음부터 돈 이야기를 늘어놓지는 않는다. 기술은 나중으로 미루고 우선은 집 안에 있는 '물건'을 실마리로 생활 방식을 돌아볼 것이다. 여기에 돈이 모이는 생활의 큰 힌트가 숨어 있기 때문이다. 뒤에서 자세히 설명하겠지만 무질서한 생활이 숫자로 나타날 때 금전적 문제가 생긴다. 따라서 우리는 돈 관리가 아니라 무질서한 생활부터 바로잡아야 한다.

그 첫 번째 단계는 주변 물건을 대하는 방식을 개선하는 것으로 이때는 '물건이 없으면 불안하다', '꼭 가져야겠다'는 집착을 버리려는 노력이 필요하다. 이 집착이 우리의 돈을 야금야금 갉아먹기 때문이다.

주변 물건을 정리하고 마음속의 '필요'와 '욕심'을 구분함으로써 돈이 모이는 체질이 되기 위한 기본기를 다져갈 것이다.

PART 1 '필요'와 '욕심'을 구분한다

다음으로는 생활 전반을 살펴본다. 다시 한 번 싱글남 A와 주부 B의 사례를 떠올려 보자.

- 동료들과 갖는 스트레스 해소용 술자리가 잦다. — 싱글남 A
- 눈앞의 일에 쫓겨 다른 일은 뒤로 미루는 성격이다. — 싱글남 A
- 휴일에 놀이공원에 가는 게 낙이다. — 주부 B

이 부분에서 흐트러진 생활이 잘 드러난다. 여기에서 오해하지 말아야 할 것은 생활이 무질서해질 수 있으니 '술자리나 여가 활동을 중단하고 꾹 참아라!'라는 뜻이 아니라는 점이다. 중요한 것은 돈을 쓰는 '기준'이 있는가 없는가이다.

많은 사람들이 별다른 기준 없이 그날의 기분에 따라 식비를 줄이거나 수돗물을 아끼겠다고 샤워 시간을 단축한다. 절약하겠다는 결심을 까맣게 잊고 있다가 월급날이 다가오면 초조한 마음에 허리띠를 졸라매는 생활……. 여러분도 한 번쯤은 경험하지 않았는가?

모두 생활을 정돈하지 않았기 때문에 생기는 일이다. 그래서 '물건' 다음으로는 생활 항목을 여덟 가지로 구분하여 하나하나 정리해가려고 한다.

PART 2 '일상생활'을 정돈한다

마지막으로 돈에 대해 살펴본다. 물건과 일상을 정리하여 기본기를 다진 다음에야 비로소 돈 문제를 다루는 것이다. 싱글남A와

주부B의 사례에서는 다음 항목에 해당한다.

● **가계부 애플리케이션을 깔아 봤지만 작심삼일이었다.** — **싱글남 A**

● **가계부를 쓰고 싶지만 꾸준히 지속하지 못한다.** — **주부 B**

　가계부를 쓰는 데 특별한 기술이 필요한 것은 아니지만 꼼꼼하고 세세하게 기록해야 한다는 부담감 때문에 빨리 지쳐버리는 경우가 많다. 지나치게 많은 정보를 기입해야 한다는 생각도 가계부를 멀리하는 이유 중 하나다. 가계부로 빈틈없이 관리하는 것이 가장 바람직하겠지만 그렇게까지 노력을 기울이지 못하는 사람이 대부분이다.

　그래서 기존 가계부와 다른 아주 간단한 방법을 소개하려 한다. 이 방법을 적용하면 최소한의 노력으로 최대한의 효과를 거둘 수 있을 것이다. 나에게 상담을 받으러 온 고객 가운데는 매사가 작심삼일이라는 사람이 많았다. 그런 분들도 효과를 본 방법이니 여러분도 분명 할 수 있을 것이다.

> **PART 3 돈에 대한 '자신만의 규칙'을 만든다.**

이 책을 통해 앞에서 소개한 세 가지 방법을 1개월씩, 총 3개월에 걸쳐 습득해 갈 것이다. 각 장의 마지막 부분에는 싱글남A와 주부B가 어떻게 변했는지를 실어 두었다. 여러분도 그들의 체험을 공유하길 바란다.

너무 당연한 이야기라 사람들은 종종 잊어버리지만 부자가 되기 위해서는 돈을 모아야 한다. 돈을 모으려는 노력도 하지 않고 부자가 되는 사람은 없다. 돈이 샘솟는 그 무언가를 가지고 있더라도 돈이 솟아나는 시간보다 더 빨리 돈을 써버리면 부자가 될 수 없다. 그 노력이 힘들지 않도록 이 책이 도움이 될 것이다. 의심하지 말고 90일만 따라 해 보기를 권한다. 1만 명 이상이 그렇게 달라졌다. 생활이 정돈되지 않은 상태에서 부동산 투자를 하고 수익률 높은 펀드 쫓아다니는 것은 의미 없다. 시간과 노력만 낭비할 뿐이다.

90일 뒤에 달라진 모습을 기대하며 이제 시작해 보자.

왜 90일인가?

이제부터 스스로를 객관적으로 바라보면서 현재 상태를 파악하고 불필요한 부분을 걷어 내는 과정을 거칠 것이다. 당신에게 정말 소중한 게 무엇인지 확인하는 시간이 되기를 바란다.

가장 중요한 포인트는 '되돌아보는 것'이다. 효과적으로 되돌아보려면 기간을 설정하는 것이 좋다. 오랫동안 질질 끈다고 해서 좋은 것은 아니니 딱 잘라 90일이 제일 적당하다.

여러 가지 이유를 들 수 있겠지만, 가장 큰 이유는 돈 관리가 1개월 단위로 일희일비하는 성질의 것이 아니기 때문이다. 한 달쯤은 많은 사람들이 열심히 절약하거나 요리조리 요령을 피우며 가계를 꾸려 간다. 그러나 한 달은 성공했다고 해도 그 다음 달에도 같은 생활을 지속하기는 쉽지 않다. 절약의 반동으로 다음 달 지출이 늘어나는 일도 적지 않다.

그렇다고 반년이나 1년 등 90일이 넘는 긴 기간 동안 진행하면 되돌아봐야 할 시점을 알기가 어려워진다. 게다가 1년씩이나 노력을 지속하기란 현실적으로도 쉽지 않다.

그래서 90일 동안 바짝 노력해서 돈이 모이는 체질로 바꾸는 것을 목표로 하는 게 좋다. 이는 그동안 내가 수많은 사람을 상담하면서 검증한 수치이다. 길지도 짧지도 않은 시간이니 쉽게 따라 할 수 있을 것이다.

● 여는 글 경제를 몰라도 숫자에 약해도 돈이 모이는 생활의 법칙   005

PART 1 물건 정리
첫 번째 달 : 필요와 욕심을 구분한다

◯ 돈 버는 첫걸음은 물건 정리   021
◯ 물건도 돈이다   026
◯ 필요한가, 갖고 싶은가   030
◯ 버리고 비울수록 풍요로워지는 뺄셈 소유법   035
◯ 있는데 또 사는 헛돈 쓰기를 멈추는 법   039
◯ 내가 구입한 것들이 나를 보여 준다   044
◯ 얼마나 있어야 '이제 됐다'라고 생각할 수 있을까   050
◯ 돈 쓰고 난 후에 반드시 검증의 시간을 가져라   056
◯ 돈 버는 습관 01 내 집에도 재고 조사가 필요하다   059
◯ 돈 버는 습관 02 물건마다 감정의 꼬리표를 단다   063
◯ 돈 버는 습관 03 정리 못하는 사람이 꼭 알아야 할 일곱 가지 해법   067
— 첫째 달을 마치고   075

PART 2 생활 관리
두 번째 달 : 일상생활을 정돈한다

◯ 재무 상담하러 왔다가 인생 상담하는 이유   079
◯ 불안한 세상에서 정말 믿을 것은 돈뿐인가   084
◯ 돈 버는 습관 04 마음 : 스트레스를 돈으로 풀지 않는다   087

◯ 돈 버는 습관 05 몸 : 하루 일과를 기록한다   094

◯ 돈 버는 습관 06 자기 투자 : 자신에게 공격형 투자를 한다   100

◯ 돈 버는 습관 07 인간관계 : 돌아오면서 후회하는 만남에 돈 낭비하지 마라   106

◯ 돈 버는 습관 08 식비 : 끼니와 냉장고 상태를 기록한다   112

◯ 돈 버는 습관 09 고정 생활비 : 사용하지 않은 요금까지 납부하지 마라   116

◯ 돈 버는 습관 10 집 : 목표는 '즐거운 나의 집' 만들기   125

◯ 돈 버는 습관 11 교통비 : 자동차를 사는 게 더 이득인 사람도 있다   133

— 둘째 달을 마치고   140

PART 3 돈 버는 습관 완성
세 번째 달 : 돈에 대한 자신만의 규칙을 만든다

◯ 쉽게 유지하는 자신만의 돈 규칙   145

◯ 돈 버는 습관 12 이것저것 다 귀찮다면 금액만 기록하라   149

◯ 돈 버는 습관 13 당장 효과가 나타나는 지출 내역 관리법   153

◯ 돈 버는 습관 14 비용을 소비 · 낭비 · 투자로 구분한다   157

◯ 세세하게 관리하는 것은 오히려 역효과다   163

◯ 돈 버는 습관 15 마법의 세 주머니를 가져라   169

◯ 돈이 모이는 사람은 심플하게 산다   175

◯ 아무리 좋은 약도 삼키지 않으면 소용없다   180

— 셋째 달을 마치고   182

● 맺는 글 돈 걱정 없애 주는 평생 습관   184

첫 번째 달

물건 정리
필요와 욕심을 구분한다

돈 버는 첫걸음은 물건 정리

"특별히 낭비하지도 않는데 돈이 안 모여요."
"월수입이 적어서 아무리 아껴도 저축할 돈이 없어요."
"돈을 많이 벌게 되면 그때부터 모을 거예요."

사람들이 많이 하는 변명이다. 이 사람들의 문제점이 무엇이라고
생각하는가? 돈을 쉽게 쓴다는 것? 돈에 대해 진지한 자세를 갖
지 못했다는 것? 내가 상담하면서 발견한 이들의 공통적인 문제
점은 뜻밖에도 물건을 정리하지 못한다는 것이었다.

 자신이 무엇을 가지고 있는지, 자신이 갖고 있는 물건에 어떤 기
능이 있는지 정확히 알지 못해서 이미 있는 물건을 또 사기도 하
고 비슷한 용도의 물건을 여러 개 구입하기도 한다. 그러다 보니
필요한 데만 돈을 쓰는 것 같은데도 돈이 모이지 않았던 것이다.

물건을 정리하지 못하는 사람은 돈 관리도 잘 하지 못한다. 물건이든 돈이든 자신에게 얼마나 필요한지 판단하는 기준이나 가치관이 있어야만 소중하게 대할 수 있다. 무조건 많은 것이 좋다고 생각한다면 아무리 많이 가져도 그 소중함을 깨달을 수 없다. 스스로에게 필요한 정도를 결정하고 그것에 만족할 수 있다면 궁극적으로는 행복도 깨달을 수 있을 것이다.

그렇기 때문에 돈을 잘 관리하는 능력을 키우려면 좋은 투자처를 찾는 것보다 지금의 생활 방식을 점검하는 것이 선행되어야 한다. 특히 자신이 갖고 있는 물건을 대하는 방식처럼 생활에 밀접한 부분부터 파악해 가는 것이 지름길이다.

돈 모으기, 돈 관리부터 시작하지 마라

여태까지 별 생각 없이 쓰던 돈과 물건에 대해 가치관을 세우라고 하면 어렵게만 들리고 뒤로 미루고만 싶을지도 모르겠다. 그러나 돈과 물건에 관한 문제는 세상을 살아가는 데 있어 피해 갈수 없는 문제다. 우리 모두 알다시피 돈과 물건 모두 사용하지 않고는 살아갈 수 없기 때문이다. 피할 수 없다면 맞닥뜨리는 수밖에 없다. 생각하는 것만큼 어렵거나 복잡한 일이 아니다. 책을 읽어 나가다 보면 자연스럽게 돈과 물건과 어떻게 관계를 맺어 갈지 입장을 정리하게 될 것이다.

나에게 상담을 받은 고객 중에 "저는 물건 관리도 잘하고, 정말 필요한 물건인지 아닌지 구분하는 데도 꽤 능숙한 편이에요. 저만의 기준이 있거든요."라고 말했던 사람들은 돈을 모으는 노하우만 터득하면 엄청난 속도로 저축을 불려 나갔다. 물건을 대하는 방식과 돈 관리 사이에는 그만큼 공통점이 많다.

낭비 치료 센터에서 규칙적인 생활을 권하는 이유

미국에 있는 소비 습관 개선을 도와주는 한 단체에서는 낭비가 심한 사람들을 모아 합숙 생활을 하게 한다. 합숙 생활을 하는 센터에서는 '쇼핑 금지!', '돈이 쓰고 싶어도 꾹 참기!'와 같이 억압적인 방법을 사용하지 않고 규칙적으로 생활하기에 중점을 둔다. 돈은 얼마든지 써도 상관없다(정확히 말하자면 처음에는 크게 신경 쓰지 않는다).

게다가 놀랍게도 엄격한 규칙 같은 것은 존재하지 않는다. 다만 어디에 얼마를 썼는지 정도만 기억하게 한다. 돈을 어디에 썼는지보다는 몇 시에 일어났고, 몇 시에 외출했으며, 몇 시에 돌아와서, 몇 시에 잤는지 보고하는 것을 더 중요하게 여긴다. 그리고 일기에 그날 하루의 기분을 조금씩이라도 기록하도록 지도한다.

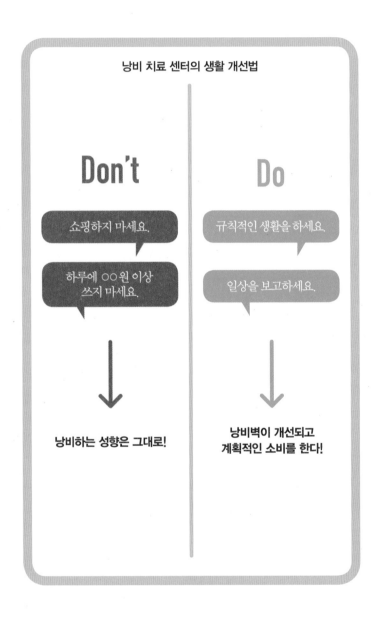

낭비 치료 센터의 생활 개선법

Don't

Do

쇼핑하지 마세요.

규칙적인 생활을 하세요.

하루에 ○○원 이상
쓰지 마세요.

일상을 보고하세요.

낭비하는 성향은 그대로!

낭비벽이 개선되고
계획적인 소비를 한다!

고작 그것뿐인데도 엄청난 변화를 불러일으킨다. 참가자들의 낭비벽은 점차 개선되고, 센터를 나간 후에도 낭비하는 생활로 돌아가는 사람은 대단히 적다. 내가 이 센터의 이야기에서 인상적이었던 것은 엄격한 지도를 하지 않아도 참가자들이 생활이 정돈되면 자연스럽게 물건에서 관심을 돌린다는 것이었다. 심지어 참가자들의 일기에는 이런 내용이 적혀 있다고 한다.

'왜 그 물건이 그토록 갖고 싶었는지 도무지 모르겠다.'
'그 물건은 사 놓고 왜 쓰지 않았을까?'

신기하다고 생각하는가? 이러한 변화는 필요한 것만 있는 최소한의 생활이 사실은 가장 행복하다는 점을 깨닫기 시작하는 데에서부터 온다.

손쉽게 돈 모으는 법을 알고 싶어 하는 사람일수록 돈에서 시작하지 않는 것이 핵심이다. 돈이 새는 구멍은 막지 않고 무조건 돈만 들이붓는다고 해서 돈이 모일 리 없기 때문이다. 이런 사람은 각별한 주의가 필요하다. 멀리 돌아가는 것처럼 보일지도 모르지만, 돈에서부터 시작하는 게 아니라 물건을 대하는 방식에서 시작하기 바란다. '필요'와 '욕구'를 구별할 줄 아는 능력을 기반으로 돈을 모으는 힘을 키워 가야 한다.

○ 물건도 돈이다

한 푼 두 푼 아끼려고 구태여 노력하지 않아도 자연스럽게 돈이 모이는 사람이 과연 있을까? 이 질문에 대한 나의 대답은 '많지는 않지만 존재한다'이다.

이 말을 들으면 '쓰고도 남을 정도로 돈을 많이 버니까 모을 수 있는 게 아닐까?'라고 생각할지도 모르겠다. 하지만 꼭 그렇지는 않다. 수입이 아주 많아서 자연스럽게 돈이 남는 사람도 있기야 하겠으나 어떤 사람은 있으면 있는 대로 모조리 써 버리기도 하고 어떤 사람은 많이 버는 만큼 품위 유지에 많은 돈을 쓰기도 한다. 그러다 보니 오히려 수입이 높아도 돈을 모으지 못하는 사람들이 많다.

반면에 수입이 많지 않은데도 돈을 잘 모으는 사람들이 있다. 이들을 '경제관념이 투철하고 야무진 사람'이라고 생각할 수도 있다. 그러나 이것이 전부가 아니다. 이 말은 절반만 맞다. 나머지 절반은 자기 생활에 필요한 최소 한계선이 어느 정도인지 정확하게 아는 사람이다. 더 쉽게 말하자면 '가치관이 뚜렷한 사람'이다.

이런 사람은 별다른 노력을 하지 않아도 수중에 자연스레 돈이 모인다. 그 이유는 무척 간단하다. 이들은 돈을 쓰기 전에 무의식 중으로 필요한 물건인지, 그냥 갖고 싶은 물건인지 구분하기 때문이다. 말하자면 '살 돈이 있으니 사자'는 식으로 대책 없이 행동하는 게 아니라 '살 돈은 있지만 나에게는 필요하지 않다'고 판단할 수 있는 확실한 기준을 가지고 있는 것이다.

즉 자신이 정한 뚜렷한 생활의 틀이나 범위의 유무가 돈을 모을 수 있는가 없는가를 결정한다는 말이다.

이런 사람들은 '물건은 형태가 바뀐 돈'이라는 점을 분명하게 알고 있다. 우리가 자주 잊어버리고 마는 '물건을 사면 돈이 줄어든다'는 사실을 명확하게 인식하는 것이다.

지금 여러분의 눈앞에 있는 물건들 모두가 형태만 바뀐 돈이라고 바꿔 말할 수 있다. 그중에는 구입할 때만 아니라 소유하기 위해서도 계속 돈이 드는 물건도 있다.

물건을 물건으로만 여기는가, 아니면 또 다른 형태의 돈이라고 여기는가. 그 인식의 차이에 따라 돈을 모을 수 있는지 없는지가 판가름 난다.

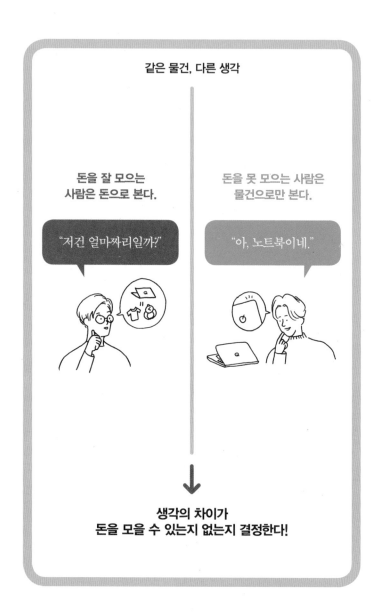

물건을 대하는 마음가짐이 곧 돈을 대하는 마음가짐

'물건은 또 다른 형태의 돈이다'라고 생각하면 물건을 대하는 마음가짐 자체가 달라진다. 우선 방을 어지럽히거나 집 안 한가득 쓰레기를 쌓아 두는 일은 절대로 하지 않는다. 정말 필요한 물건이 무엇인지 구분할 줄 알게 되면서 물건을 소중하게 대하고, 불필요한 물건은 소유하려 하지 않기 때문이다.

필요한 물건을 구분하지 못하는 사람은 방을 정리하지 못하고 집 안 곳곳에 쓰레기를 가득 쌓아 둔다. 그리고 물건을 전부 똑같이 취급하며 무엇이든 버리기 아깝다고 생각하는 경향이 있다. 언뜻 보면 모든 물건을 소중히 여기는 듯하지만, 사실은 무엇 하나도 소중하게 대할 줄 모르기 때문에 일어나는 일이다.

집 안이 쓰레기로 가득하다는 말이 극단적으로 들릴지도 모르지만, 자기도 모르는 사이에 집 안을 물건으로 꽉 채우는 사람이 상당히 많다. 절약하는데도 돈이 모이지 않는다고 생각했던 적이 있다면 이 말에서 깨닫는 바가 있을 것이다.

무질서한 생활은 금전적인 문제로 나타나기 마련이다. 자신의 상황은 어떠한지 자세히 살펴보자.

⚪ 필요한가, 갖고 싶은가

과체중인 사람이 늘고 있다. 이것은 비단 식생활에서만 벌어지는 일이 아니다. 너무 많이 가지고 있어서 생기는 물건 과체중도 눈에 띄게 늘고 있다.

굳이 백화점까지 나가지 않더라도 길가에 줄줄이 늘어선 가게에는 매력적인 물건들이 셀 수 없이 진열되어 있다. 명품이 아니라도 질도 좋고 멋스러운 데다가 가격도 저렴해서 자신도 모르게 뭐라도 사고 싶어진다. 가전제품을 전문으로 취급하는 대형 판매점에도 물건의 종류가 워낙 다양하다 보니 무엇을 사려고 들렀는지 잊어버릴 정도다. 그렇다면 밖에 돌아다니지 않고 집에만 있으면 안전할까? 그렇지도 않다. 인터넷에도 수없이 많은 유혹이 존재한다.

돈과 보관할 장소가 무한하다면 고민할 필요 없이 갖고 싶은 물건을 모조리 사면 그만이겠지만, 그런 사람은 극소수에 불과하다. 게다가 이런 식으로 물건을 사들여서는 무엇이 정말 소중한지, 자신이 어디에서 행복을 느끼는지도 알 수 없게 되고 만다.

여러 가정의 모습을 살펴보면 놀랍게도 대부분 지나치게 많은 물건을 갖고 있다. '이게 있는데 이걸 또 샀단 말이야?' 하는 생각이 들 때도 종종 있다.

필요 vs. 욕심 : 포화 상태의 물건들

언제부터 우리는 물건을 필요 이상으로 소유하게 되었을까? 어릴 때는 부모님이 사 주시는 게 전부였고 가진 돈도 한정적이어서 물건을 갖게 되면 이것만 있으면 충분하다고 생각하며 기뻐했다.

그러나 이건 어릴 때 이야기다. 머리가 커질수록 갖고 싶은 물건은 많아지고 그때까지 갖고 있던 물건들을 대수롭지 않게 여기게 된다. 스스로 돈을 벌게 되면 새 물건을 사는 일은 더 자유로워진다. 나 역시 그즈음부터 '갖고 싶다'는 욕구가 강해졌던 것 같다.

초등학교에 입학하기 전으로 거슬러 올라가면 그때는 그저 갖고 싶다는 마음밖에 없다. 물건이나 돈의 가치를 알기 이전 단계의 단순한 욕구다. 그러나 어른이 되는 과정에서 '필요'라는 기준이 생기기 마련이다. 이것은 정상적인 성장 과정이다. 필요와 욕

심을 구분하는 생각이 균형을 갖추면 물건과 돈을 대하는 태도도
건전하게 형성된다.

필요와 욕심을 구분하지 못하는 사람은 소중한 것과 그렇지 않
은 것을 구별하지 못한다. 이런 사람은 자신의 생각과 감각을 객
관적으로 깊이 돌아보는 시간을 가져야 한다. 물건으로 가득한
상태를 당연하게 여기는 자신의 상식을 의심해 볼 필요가 있다는
말이다.

서양에서는 아이에게 경제 교육을 할 때 초기 단계에 이렇게
묻는다고 한다.

"그건 필요한 거야(Need)? 아니면 갖고 싶은 거야(Want)?"

이 질문은 어른들의 귀도 번쩍 뜨이게 할 만큼 중요한 내용을
담고 있다. 이 질문을 시작으로 아이는 혼자 물건을 사러 갈 때
둘의 차이를 구별하는 능력을 기를 수 있다. 필요냐 욕심이냐. 아
주 단순한 질문이지만 매력적인 물건 앞에서 귀신에 홀린 것처럼
지갑을 여는 당신의 행동에 제동을 걸 수 있는 강력한 질문이다.

사실 나부터도 그렇다. 얼마 전에 회사 직원들에게 태블릿 컴
퓨터를 구매하는 것이 어떻겠냐고 제안했었다. 일할 때 태블릿
컴퓨터가 있으면 업무를 하는 데 훨씬 편리할 것 같아서 필요하
다고 느꼈기 때문이다. 그런데 내 제안에 한 직원이 이렇게 말
했다.

"대표님은 그냥 '갖고 싶은' 게 아닐까요? 지금 있는 스마트폰이나 컴퓨터로도 충분히 편리한 환경에서 일할 수 있는데요."

직원의 조언을 듣고 생각해 보니 필요없는 경비라는 판단이 들어 결국은 구매하지 않기로 했다. 시간이 지날수록 갖고 싶다는 마음은 완전히 사라졌고, 만약 샀더라도 처음에만 잠깐 사용하다가 얼마 지나지 않아 싫증을 냈겠구나 싶은 생각이 들었다.

합리화를 경계하라

이처럼 욕심이 나면 필요한 이유를 만들며 합리화를 하기 때문에 자신을 객관적으로 보지 못하는 경우가 많다. 물론 사람에 따라 다르겠지만, 대부분의 사람들은 욕심을 필요로 바꿔치기하는 데 능수능란하다. '필요하다'로 넘어갈 이유쯤은 얼마든지 갖다 붙일 수 있다.

내게 상담을 받은 한 고객은 쇼핑을 할 때마다 '생명을 유지하는 데 필요한 물건인가, 아닌가?'라는 질문을 스스로에게 던진다고 했다. 생명을 유지하는 데 필요한 수준이 아니면 모두 불필요하다고 판단하여 단순히 갖고 싶은 감정인지 아닌지 냉정하게 판가름한다고 한다.

물론 이처럼 빡빡한 질문을 여러분 모두에게 적용하라는 것은 결코 아니다. 자기 자신에게 맞는 자기만의 기준을 만들어야 한다는 말이다. 나는 갖은 노력으로 자기 자신을 변화시키는 사람을 많이 봐 왔다. 사람은 궁지에 몰리면 필사적으로 변해 의외로 간단히 돈을 모을 수 있다.

'필요한가? 아니면 갖고 싶을 뿐인가?'

이 질문을 시작으로 스스로를 바꿔 나가자.

버리고 비울수록
풍요로워지는 뺄셈 소유법

과거에는 필요할 때 곧바로 쓸 수 있도록 미리미리 물건을 준비해 두는 게 상식이었다. 하지만 예전과 달리 경제 사정이 악화되고 생활 모습이 변함에 따라 정말 필요한 물건만 구매하는 것이 옳은 것은 아닐까 하는 의구심이 생겨났다. 상식이 변화하기 시작한 것이다. 마침내 사람들은 신중하고 까다로운 자세로 질이 좋은 물건을 고르고, 구매한 물건은 가능한 한 오랫동안 소중히 쓰는 것이 좋다는 새로운 상식을 만들어 냈다.

다 쓰지도 못할 물건을 가져 봐야 소용없다

지금까지 '덧셈' 방식으로 물건을 갖추었다면 앞으로는 '뺄셈' 방식으로 물건을 소유해야 한다. 이제는 많이 가진 것이 아니라 '그 물건 없이도 사는 데 지장이 없다', '다른 물건으로 얼마든지 대체 가능하다'라는 사고방식이 지지받는다.

'언젠가 쓰겠지'라는 생각으로 무턱대고 사서 갖고 있지 않아도, 필요할 때 사거나 빌리는 일이 굉장히 쉬워졌다. 편의점도 가까이에 있을 뿐 아니라 자동차도 여러 사람과 공유하면 되고, 집 역시 계속 임대로 살아도 충분하다. 심플하고 유연한 라이프 스타일이 관심을 받고 있다.

예전에는 이런 발상에 '구두쇠다', '쪼잔하다' 등 부정적인 시선이 쏟아졌지만, 이제는 오히려 현명한 선택이라고 평가를 받는다. 게다가 물건에 대해 이런 태도를 가진 사람들이 돈을 모으는 데도 능숙하다.

더 이상 물건에 압도당하며 살지 말라

이러한 추세는 상담 현장에서도 뚜렷하게 나타난다. 2011년 동일본 대지진 이후 '단샤리(斷捨離)'라는 것이 널리 알려졌다. 단샤리란 요가 수행법인 단행(斷行), 사행(捨行), 이행(離行)에서 하나씩 따온 말로 불필요한 것을 끊고, 자리를 차지하고 있는 쓸데없는 것들을 버리고, 물건의 집착에서 벗어나고자 하는 일종의 생활 기술이자 처세술이다. 꼭 필요한 물건들만 소유함으로써 삶과 인생에 조화를 이루려는 삶의 태도다.

나를 찾아오는 고객 중에도 돈 문제를 개선함과 동시에 단샤리를 시작하는 사람이 종종 있다. 나는 단샤리나 정리 정돈 전문가는 아니지만 꼭 필요한 물건만 남기는 정리의 기술에는 돈 관리에도 도움이 될 만한 생각으로 가득하다는 데 동의한다. 물건의 노예가 되면 자유를 잃게 되고 소유한 물건들을 보필하다가 결국 부(富)도 잃게 되기 때문이다.

'무엇을 남길지' 고민하다 보면 저절로 돈이 모인다

물건이 많으면 풍요롭고 적으면 허전하다는 생각 때문에 '뺄셈' 방식을 시행하는 것이 아직 불안할 수도 있다. 하지만 이제는 낡은 사고방식에서 벗어나야 할 때다. 너무 거창하게 시작하지 않아도 좋다. 자기만의 적당한 기준을 찾는 것으로 충분하다. '뺄셈' 방식으로 물건을 정리하고 나면 그동안 참 많이도 끌어안고 살았구나 하는 생각이 들 것이다.

다시 한 번 강조해도 지나치지 않다. 물건이 곧 돈이다. 물건을 보는 관점을 달리한다는 것은 돈은 물론 자신의 생활 방식까지 돌아보는 것이라 할 수 있다. 수많은 사람들을 상담하며 확인한 것도 자기만의 기준을 찾아내야 돈 관리에도 안정이 찾아온다는 사실이었다. 지금의 생활이 불안하다고 느낀다면 더더욱 주위를 둘러싼 물건들을 덜어 내야 한다. 먼저 생활을 되돌아본 후에 돈 문제로 접근하자. 저절로 돈이 모이는 시스템은 여기에서 시작한다.

있는데 또 사는
헛돈 쓰기를 멈추는 법

"갖고 싶고 돈도 있으니 사자."

"있으면 편리하고 사용하면 기분이 좋아질 테니 사자."

"필요해질지도 모르니까 일단 갖고 있자."

물건 앞에만 서면 이런 생각이 자동으로 떠오르지 않는가? 그러나 작은 유혹에도 쉽게 지갑을 열면 결국 물건으로 가득한 생활을 할 수밖에 없다.

건강의 소중함은 평소에는 모르다가 병든 다음에야 알게 된다. 잃어버리고 나서야 비로소 일상의 행복을 깨닫는 것이다.

이것은 비단 건강만의 이야기가 아니다. 물건 역시 마찬가지다. 다만 물건은 잃어버리는 과정을 통해서 소중한 것을 발견할 수 있다. 지나치게 많은 물건들 사이에서는 아무리 소중한 것도 빛을 발하기가 어렵다. 물건을 너무 많이 가지고 있으면 하나하나에 신경을 쏟지 못하기 때문에 당연히 정말로 값진 것이 무엇인지 알기 어렵다.

일상의 행복이나 정말 소중한 것이 무엇인지 알고 싶다면 잃어 보는 것도 좋은 방법이다. 좀 더 정확하게 말하자면 억지로 잃어버리는 게 아니라 불필요한 물건이나 생각을 덜어 내자는 것이다. 단순히 개수를 정해 놓고 아무 물건이나 버리기만 하면 될 일이 아니다. 필요한 물건만 남기는 작업이 이 일의 핵심이다.

정리한 뒤에는 다시 원상태로 돌아가지 않기 위해서 앞에서 말한 '필요한가? 아니면 갖고 싶을 뿐인가?'라는 질문을 통해 필요한 물건만 사는 습관을 들여야 한다.

무엇이 있는지 알아야 또 사지 않는다

그럼 이제부터 덜어 내기 위해 주변에 있는 물건들을 살펴보자. 이것은 자신의 현재 상태를 점검하기 위한 첫 번째 단계이며 헤픈 씀씀이를 개선하는 데 있어 아주 중요한 과정이다.

현재 상태를 제대로 파악하지 못하면 그에 맞는 해결책을 마련하기 힘들기 때문이다. 딱 맞는 해결책이 아니면 뚜렷한 효과도 느낄 수 없고 변화된 상태를 유지하고 관리하는 것 역시 어려운 일이다. 그래서 '현재 상태 파악'이 돈 관리에 있어 핵심 중의 핵심이라고 말해도 과언이 아니다.

상태 파악에는 여러 가지 방법이 있다. 내가 상담한 고객들도 각자 저마다에게 잘 맞는 방법이 따로 있었다. 노트에 꼼꼼히 적는 사람, 수첩에 대충 휘갈겨 쓰는 사람, 그림으로 그리는 사람, 방의 모습을 비디오로 녹화하는 사람 등 십인십색이다.

자신에게 잘 맞는 방법을 찾는 것이 가장 우선이지만 어디서부터 시작해야 할지 모르겠는 사람들을 위해 내가 추천하는 방법은 '사진 찍기'다. 스마트폰 덕분에 대량의 데이터를 쉽게 보존할 수 있고, 언제 어디서든 꺼내어 볼 수 있기 때문이다. 게다가 다른 사람에게 설명할 때도 사진을 보여 주는 것이 문자나 그림보다 정확하다.

같은 부류끼리 모아서 사진을 찍어라

스마트폰이나 디지털카메라로 기록할 때는 방, 거실, 주방과 같이 장소별로 사진을 찍기보다 가능한 한 같은 부류의 물건끼리 모아서 찍어 두는 게 좋다. 같은 부류라도 평소에는 집안 곳곳에 따로 있다 보니 얼마나 많이 있는지 확실하게 알기 힘들다. 여기저기 널려 있는 물건들을 모아 사진을 찍으면 자신에게 어떤 물건이 있는지 한눈에 파악할 수 있다.

방의 빈 공간이나 침대 위 등을 이용해서 될 수 있는 한 한자리에 모아 보자. 그러면 물건이 생각보다 많다는 사실을 깨닫게 될 것이다.

나는 이 방법을 통해 헤어 제품을 상당히 많이 가지고 있다는 사실을 깨달았다. 그중에는 다 쓰지도 않고 똑같은 것을 또 구매해서 몇 개씩이나 있는 제품도 있었다. 종류도 어찌나 다양한지 헤어 왁스, 무스, 스프레이, 젤, 오일……. 전부 다 해서 스무 개나 됐다. 정작 나는 매일 한 가지밖에 안 쓰는데 말이다.

생필품을 사러 드러그스토어에 들를 때면 뚜렷한 목적 없이 '언젠가 필요하겠지', '세일하니까 미리 사 두자', '새 상품이 나왔으니까 한번 써 보자' 하는 마음으로 무심코 이것저것 집어 들고는 했다. 그렇게 지출에서 낭비가 발생했고 구매한 물건들도 하나둘 쌓이기 시작하자 함부로 쓰게 되었다. 낭비하려는 마음은 눈곱만큼도 없었다. 다 필요해서, 싸게 살 수 있으니까 나름대로 합리적인 소비를 했다고 생각했지만 돈은 계속해서 줄줄 새고 있었다.

사실 돈 관리는 이런 사소한 부분에서부터 구멍이 나기 시작한다. 그렇기 때문에 푼돈도 절대로 가볍게 여기지 말아야 한다.

여러분도 분명히 나처럼 미처 깨닫지 못한 채 돈이 줄줄 새게 만드는 물건이 있을 것이다. 그것이 무엇인지 찾아내기 위해서도 자신의 현재 상태를 파악해야 한다. 사진 찍기에 대한 구체적인 방법은 이번 장 후반에서 자세히 소개할 예정이니 갈피를 잡지 못했더라도 걱정하지 말길 바란다.

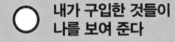

내가 구입한 것들이 나를 보여 준다

싱글남 A의 이야기

싱글남 A는 '사진 찍기'를 통해 변화한 대표적인 사례다. A가 나를 찾아온 것은 2년 전쯤이었다. A는 8쪽에서 소개했듯이 혼자 살았으며, 월급은 실수령액 기준으로 220만 원이었다. 결코 적은 수입이 아닌데도 돈을 모으지 못해 고민을 하다가 나를 찾아왔다.

　A는 업무 특성상 주말에 출근하는 일이 잦았고 몹시 바빠 보였다. A의 유일한 여가 생활은 휴가를 낸 평일에 혼자 쇼핑하기였다. 특히 정장, 손목시계, 가방, 구두, 벨트에 관심이 많았다. 이런 물건들을 쇼핑하는 것은 업무에도 도움이 되고 여가도 즐길 수 있으니 일거양득이라고 생각한다고 했다.

A는 첫 상담 때부터 집에 물건이 많다고 말했다. 그래서 금전적인 문제와 함께 그 부분에 대해서도 자세히 이야기를 나누기로 했다.

"물건이 너무 많아서 청소할 마음이 들지 않아요. 넘치는 물건 때문에 비좁아진 집에 있으면 답답한 마음이 들어서 밖으로 나가 버렸죠. 별 계획 없이 나온 거라 쇼핑몰 같은 곳을 전전하게 됐고 결국 평일에 느긋하게 쇼핑하는 게 습관이 되었어요."

나는 그 말을 듣고 이렇게 주문했다.

"괜찮으시다면 집이 어떤 상태인지 스마트폰으로 사진을 찍어서 다음 상담 때 보여 주시겠어요?"

A는 내 말대로 사진을 찍어 왔다. 그가 찍어 온 사진을 보니 정말이지 물건의 양이 엄청났다.

시계는 캐주얼용부터 정장용, 명품까지 골고루 가지고 있었고 모두 일곱 개였다. A는 안경을 썼는데, 시계와 마찬가지로 상황에 따라 구분해서 사용하는지 선글라스까지 합치면 전부 열한 개나 되었다.

신발도 업무용뿐만 아니라 색색의 스니커즈와 로커들이 많이 신는 투박한 워커 등 현관 신발장에 다 들어가지 않을 정도로 많았다. 사진에 찍힌 신발만 해도 스무 켤레는 됐다. 벨트도 몇 만 원짜리의 일상용에서부터 70만 원이 넘는 명품 고급 벨트까지 다 해서 일곱 개였다.

그리고 산더미같이 쌓여 있는 정장들 사진이 있었다. 침대 위에 포개 놓고 찍은 사진으로는 정확하게 셀 수 없었지만 재킷이 스무 벌 정도에 청바지를 비롯한 바지가 서른 벌 이상이었다. 와이셔츠도 50~60벌에 넥타이도 꽤 많았다. 사진에는 없었지만 속옷도 상당히 많다고 했다. 매일 갈아입어도 너끈히 한 달은 빨래를 하지 않고 지낼 수 있을 정도라고 했다.

물건에서 라이프 스타일이 드러난다

A는 나와 함께 사진을 보았다. 처음에는 "와, 정말 많이도 샀네요." 하는 가벼운 느낌으로 말했지만, 중간부터는 내가 지적할 필요도 없이 "이대로는 안 되겠네요……." 하며 어깨를 축 늘어뜨렸다.

그러고는 "요즘 옷은 가격도 저렴하면서 질도 좋아서 오래 입을 수 있잖아요."라며 자신의 행동을 변명했다. 동시에 여전히 물건을 더 사고 싶어 하는 자신의 모습에 모순을 느끼기도 했다. 하지만 사진을 보며 나에게 이런저런 이야기를 하는 동안에 머릿속이 정리되어 가는 듯했다.

A는 와이셔츠가 그렇게 많은데도 늘 대여섯 벌만 번갈아 입는다고 했다. 요즘은 그조차도 귀찮아서 흰 와이셔츠만 있으면 충분하겠다는 생각이 든다고 했다. 다른 물건들도 마찬가지였다. 신는 신발만 신었고, 자주 사용하는 시계만 찼다. 이번에 사진을 찍으면서 몇 년만에 찾은 물건도 있었다.

물건이 늘어나게 된 과정을 얘기해 달라고 하자 하나하나 사 모으기 시작할 무렵에는 가슴이 설레고 이리저리 코디하는 재미가 있었다고 말했다. 그러나 옷이 지나치게 많아지면서부터는 그런 마음도 온데간데없이 사라져 버렸다고 했다. 모처럼 산 물건을 제대로 활용조차 못하는 셈이다.

물건으로 둘러싸인 생활을 하고 있는 A가 '비싼 게 최고'라는 생각에도 사로잡혀 있는지 궁금했다. 그 점에 대해 물어보니 "싸고 비싸고는 크게 상관없어요. 싼 물건이어도 마음에 들면 오래 쓰거든요."라고 말했다. 가격과 사용 빈도가 비례하는 타입은 아니었다. 오히려 물건을 구매하지 못할 때 오는 불안감을 못 이겨 자꾸 이것저것 사들이는 타입이었다.

어쨌든 A는 어마어마한 양의 옷들을 보고서 "이러니 돈이 모일

리가 없지……." 하고 말했다. 눈으로 직접 확인하자 지금까지 상당한 돈을 써 왔다는 사실을 깨달은 것이다.

이렇듯 자신이 가지고 있는 물건들을 제대로 파악하면 평소 라이프 스타일을 알 수 있다. 그리고 어떤 부분을 반성해야 할지도 뚜렷해진다. 자신의 현재 상태를 명확히 알고 해결책을 찾기 위해 시간을 내서 자신의 상태를 파악해 보자.

싱글남 A

가지고 있는 물건들을 제대로 파악하지 못했을 경우 산더미처럼 쌓여 있는 옷들, 종류별로 정리되지 않은 식기들 때문에 그 어떤 것도 제대로 활용할 수 없다.

물건들을 같은 종류끼리 묶어 정리하다 보면 필요 이상으로 많이 가지고 있는 품목들을 알게 된다. 이 품목들부터 정리해 나가면 된다.

얼마나 있어야 '이제 됐다'라고 생각할 수 있을까

일본에서는 일본의 거품경제 시절인 1986~1991년에 사회생활을 시작한 사람들을 버블 세대라고 부른다. 나는 버블 세대는 아니지만 상담을 하다 보면 나보다 나이가 많은 그분들을 만나 이야기를 들을 기회가 종종 있다. 그분들과 잠깐만 이야기를 나누어도 지금과 사뭇 다른 풍요에 대한 생각 때문에 깜짝깜짝 놀랄 때가 있다.

"부동산은 빚을 져서라도 샀다."
"택시도 손님을 골라 태웠다."
"회사 경비도 펑펑 썼다."

지금은 상상하기도 힘든 경기가 좋았던 시절에 대한 전설 같은 이야기를 당신도 한 번쯤 들어 봤을 것이다.

물질적인 풍요에서 정신적인 풍요로

이들만큼은 아니지만 불과 얼마 전까지만 해도 풍요로움은 '물질적인 풍요로움'을 말했다. 전세보다 자가를 선호했고, 자동차는 있는 것이 당연한 데다가 몇 번씩이고 새 차를 뽑았다. 생명 보험을 비롯하여 눈에 보이지 않는 보장 상품에 아무런 의심 없이 돈을 지출했고, 자식에게 특별한 날이 아니어도 한 아름씩 선물을 안겨 주었다. 그것이 윤택한 삶, 풍요로운 삶이었다.

지금도 이런 사고방식을 가진 사람이 없는 것은 아니다. 그렇지만 앞에서 말한 바와 같이 단샤리 열풍이 부는 등 사회 분위기가 서서히 변화하고 있다. 없어도 괜찮은 물건은 굳이 사지 않고, 가능하다면 셰어나 렌트로 해결하려고 한다.

과거와 달리 '정신적 풍요'를 중시하는 방향으로 나아가고 있다는 뜻이다. 물건을 얼마나 많이 가졌는지, 소유에 얼마나 많은 돈을 쓰는지와 같은 물질적인 기준으로 풍요로움을 평가하는 것에 공허함을 느끼고 생활에 만족감을 느끼는 사람이 누구보다도 풍요롭다고 생각하게 된 것이다.

즉 자신이 어떤 삶을 살고 싶은지, 무엇을 소중히 여기는지가 명확하고 무엇보다 '나는 이 정도면 충분하다'라는 기준의 필요성이 대두되고 있다.

주부 B의 이야기

필요한 물건인지 아닌지 구분하지 못하는 데다가, 풍요의 의미를 착각해서 물건만 많으면 행복해질 수 있다고 믿어 의심치 않는다면 어떻게 될까? 나를 찾아왔던 또 다른 고객 가정주부 B도 자신이 갖고 있는 물건을 제대로 파악하지 않고 생활해서 가계에 문제가 생기기 시작했다.

9쪽에서 소개한 것처럼 B는 부동산 회사에서 영업직으로 근무하는 남편(37세)과 다섯 살, 두 살짜리 자녀를 둔 전업주부다. 남편의 연봉은 약 6000만 원인데 월급은 영업 실적에 따라 기복이 있었다. 실수령액 기준으로 적을 때는 250만 원, 많을 때는 500만 원 정도로 수입이 적은 가정은 아니었다.

B는 명품같이 비싼 물건을 좋아했다. 나를 찾아왔을 때 그녀는 물욕이 절정에 달한 상태였다. 그러나 몇 번 상담을 하면서 지켜보니 사는 것에 비해 새 물건을 많이 사용하는 것 같지 않았다. 구매한 물건들을 얼마나 사용하는지 묻자 쇼핑하는 순간에만 잠시 즐거울 뿐 집에 돌아오면 쇼핑백을 열어 보지도 않는다고 했

90일 완성 돈 버는 평생 습관

다. 새 물건을 소유하는 데서 기쁨을 느끼는 게 아니라, 물건을 구매하는 행위 자체에서 만족감을 얻었기 때문이다.

남편이 꼬박꼬박 돈을 벌어 와도 B가 그 이상으로 소비하다 보니 저축이 늘기는커녕 오히려 줄어만 갔다. 신용카드 결제 대금이 수입을 초과한 달에는 카드 이용 금액 가운데 일부만 결제하고 나머지는 수수료를 내고 상환을 미루는 리볼빙 서비스까지 이용했다.

보통은 통장 잔액이 줄어드는 게 훨씬 불안할 터인데 B는 잔고와 상관없이 더 많은 물건을 사들임으로써 안심과 행복을 얻을 수 있다는 이상한 생각에 사로잡혀 있었다. 물건을 살 때의 순간적인 충동이 지나치리만큼 비정상적이었다.

나는 부부 관계와 집 상태가 어떤지 자세히 물어보았다. 그러자 B는 쉬는 날도 없이 일에만 몰두하는 남편과 관계가 삐걱대기 시작한 지 3년 정도 되었다고 말했다. 그리고 집에는 비슷비슷한 물건들이 넘쳐 나서 제대로 둘 자리도 없는 지경이라고 했다. 대부분 한 번도 사용하지 않은 새것이라서 버릴 수도 없었다. 평수가 꽤 큰 집이었지만 생활 공간은 점점 좁아졌다. 물건 탓에 어수선한 집에 있고 싶지 않아서 외출하면, 또다시 무언가를 사 가지고 돌아오는 악순환이 끝없이 이어지고 있었다.

보다 못한 남편이 "좀 더 넓은 집으로 이사할까?"라고 말한 적도 있다고 했다. 물건을 둘 공간을 마련하기 위해 일부러 더 큰 집으로 이사하는 것은 물건을 위해 비싼 집세를 치르는 셈이니 대단히 어리석은 일이 아닐 수 없다.

풍요에 대한 오해가 돈 모으기를 방해한다

나는 B의 사고방식에 주목했다. 쇼핑을 하는 이유는 외로움을 비롯해 여러 가지 원인이 있었지만 가장 큰 문제는 풍요의 의미를 잘못 이해하고 있다는 것이었다. B에게는 물질적인 풍요가 최우선이었다.

가족 간의 대화와 일상의 행복보다 더 많은 물건과 더 새로운 상품에 우선순위를 두었다. 그래서 당연히 처음에는 불필요한 물건을 골라내지도 못했고, 갖고 싶은 물건이 무엇인지 묻는 질문에조차 대답하지 못했다. 본인 말로는 모든 물건이 다 필요하다는 것이었다.

그때부터 한 달 정도 시간을 들여 앞에서 설명한 방법으로 현재 가지고 있는 물건을 파악하고 정리했다. 이 과정을 통해 B는 자신의 상태를 객관적으로 볼 수 있게 되었고, 무엇을 소중히 여겨야 하는지 깨닫기 시작했다.

B는 생각의 중심축을 두 아이의 장래로 이동시켰고, 아이들의

미래를 위해 필요한 돈을 모으기 위해 낭비를 멈추고자 노력했다. 또 목돈 마련의 목표를 '자녀 양육을 위한 내 집 마련'으로 구체화시켰다. 한때는 붕괴 직전의 가정이었지만 점점 가족 간에 대화가 늘어났고 마침내 휴일이면 다 함께 나들이를 즐기는 수준의 관계를 회복하였다.

  B처럼 풍요에 대해 커다란 오해를 가지고 있다면 아무리 수입이 많아도 돈을 모으기 힘들다. B와 같은 사례는 내가 면담한 고객 중에도 상당히 많은 편이다. 불확실한 미래 때문에 저축을 가장 우선시할 것 같지만 생각보다 많은 사람들이 지금 당장 내 손에 더 많은 것을 소유하는 것을 우선시한다. 당신의 풍요에 대한 정의는 무엇인가? 풍요에 대한 허황되지 않은 자신만의 기준을 생각해 보자.

**돈 쓰고 난 후에
반드시 검증의 시간을 가져라**

신기하게도 물건은 사기 전과 사고 난 후에 다르게 보인다.

'똑같은 물건인데 그럴 리가 있나?'

이렇게 생각하는가? 그렇다면 지금 주변을 둘러보자. 처음 샀을 때와 여전히 똑같은 마음으로 사용하는 물건, 역시 사길 잘했다고 생각하는 물건은 몇 개나 되는가? 생각보다 많지 않을 것이다. 물건을 구입하기 전에는 '이 물건은 꼭 필요하다'라든지 '이것을 사면 생활이 달라질 것이다'라는 마음이 든다. 그런데 구입한 뒤에는 어떠한가? 처음 생각과 달리 구입만 하고 사용하지 않는 물건도 부지기수다.

우리는 물건을 구입하고 나면 정말 필요했는지 아니었는지를 검증하지 않는다. 샀으면 그로써 끝인 것이다.

물건을 구입한 뒤에는 큰 하자가 있지 않는 한 보통 구입한 것을 후회하지 않는다. 돈을 주고 샀으니 틀림없이 꼭 필요한 물건이라고 믿고 싶어 한다. 스스로의 행동을 부정하고 싶지 않은 것이다. 구입한 물건을 부정한다거나 필요성을 의심하는 것은 그 물건을 산 자기 자신을 부정하는 행위라고 느끼기 때문일지도 모른다. 하지만 이는 엄밀히 말하자면 '자기 자신과 충분히 마주하지 않는 것'이다.

사기 전과 사고 난 후의 차이를 비교한다

이 책을 읽는 독자 여러분은 억지로라도 자기 자신과 마주하는 시간을 가져 보길 바란다. 사기 전과 사고 난 후에 어떤 차이가 있는지 직접 확인하는 과정을 통해 커다란 깨달음을 얻을 수 있기 때문이다.

먼저 이미 가지고 있는 물건들에 대해 리뷰하는 것으로 시작하자. 그러려면 앞에서 살펴봤듯 무엇을 가지고 있는지 현재 소유 물건들을 '파악'해야 한다. 일종의 재고 조사라고 생각하면 이해하기 쉬울 것이다.

재고 조사의 목적은 청소가 아니다. 자기가 어떤 물건을 얼마나 갖고 있는지 아는 것이 목적이다. 세세하게 파악하려면 노력이 많이 들고, 그렇다고 지나치게 대충 하면 제대로 파악하지 못한다. 따라서 편의점이나 백화점의 매장에서 재고 조사를 하듯이 대단히 공을 들이는 방식이 아니라 효율적으로 시작하는 것이 중요하다.

지금까지 수많은 집과 다양한 라이프 스타일을 상담한 경험을 바탕으로 '가장 덜 귀찮고 누구든 할 수 있는 재고 조사 방법'을 정리했다. 다음에서 이를 소개하겠다. 1개월째에는 이 방법을 적용하면서 물건을 파악하고 정리하는 것을 목표로 하자.

돈 버는 습관 01   내 집에도 재고 조사가 필요하다

'사진 찍기'를 이용해 재고 조사를 시작해 보자. 이 작업을 할 때는 단순히 사진만 찍는 것이 아니라 한 걸음 더 나아가 '메모하기'도 함께 진행하는 것이 효과적이다.

메모를 하라고 말하면 꼼꼼하고 세세하게 기록해야 한다는 부담감에 지레 겁을 먹는 사람들이 있다. 이렇게 하려면 정말 보통일이 아니다. 그래서 나는 치밀하게 기록하는 것을 추천하지 않는다. 오히려 욕심을 버리고 사진의 정보를 보충한다는 자세면 충분하다. 노트를 한 권 마련해서 사진에는 드러나지 않는 정보를 간략하게 적어 보자.

사진은 디지털카메라로 찍어도 괜찮지만, 되도록 휴대 전화의 카메라로 찍는 것을 추천한다. 휴대 전화에 사진이 저장되어 있으면 돈을 쓰기 전에 비슷한 물건을 또 사는 것은 아닌지 바로 확인할 수 있기 때문이다.

'그 물건도 있는데 군이 또 살 필요가 있을까?'
'집에 비슷한 옷이 있지 않았나?'
'이미 산 것도 잘 사용하지 않는데 이것도 얼마 안 쓰지 않을까?'

이런 식으로 물건을 사기 전에 잠시 사진을 들춰 보며 생각을 정리할 수 있다. 이 방법은 쓸데없는 낭비를 막는 데 대단히 효과적이다.

참고로 나는 한 장소에 비슷한 부류의 물건들을 모아 놓고 쓰기 때문에 재고를 파악할 때 거실, 현관, 주방, 서재, 침실, 옷장, 취미인 술 창고 등 장소별로 폴더를 만들고 각 폴더별로 20~40장 정도의 사진을 담아 두었다. 그리고 자주 들고 다니는 노트에 그 물건에 대해 적어 두었다. 빨간 글씨로 '이건 너무 많음!', '필요 없음!' 등의 주의 사항을 기록하기도 한다.

관리는 각자 자신에게 편한 방식으로 하면 된다. 다음 페이지의 그림이 도움이 될 것이다.

싱글남 A

MEMO

- 비싼 수트를 한 벌짜리인 줄 알고 샀다.
- 헤어진 여자친구에게 받은 선물
- 큰마음 먹고 산 패턴 재킷

 주부 B

MEMO

- 홈쇼핑으로 구매
- 스무디를 만들어 먹고 싶어서
- 튀김 요리에 편리하다고 해서

지금 당장, 한 달 안에 끝내겠다는 마음으로 스타트

'이 책을 다 읽고 나서 본격적으로 실천해 봐야지.'라는 생각을 했다면 지금 당장 몸을 일으키길 바란다. 책을 다 읽고 나서 90일이 아니라, 책을 읽기 시작한 날로부터 90일이어야 한다.

집 안의 모든 물건을 한 번에 다 정리하겠다는 마음으로 시작하면 언제 시작하든 금방 지쳐 버리고 말 것이다. 휴대 전화로 SNS에 올릴 일상의 한 장면을 찍듯이 가벼운 마음이면 족하다. 갖고 있는 물건의 일부라도 좋으니 지금 당장 시작해 보기 바란다. 읽으면서 '아, 그렇구나.' 하는 생각으로만 끝내면 아무것도 달라지지 않는다. 직접 실행해야 큰 수확을 얻을 수 있다.

혼자 살더라도 물건의 양은 적지 않을 테고, 우리 집처럼 대가족인 경우라면 한 달 안에 전부 파악하기에 시간이 빠듯할지도 모른다. 반대로 요즘 유행하는 단샤리를 실천하는 사람이라면 갖고 있는 물건 자체가 적어서 메모까지 하고도 시간이 남을 수도 있다.

자신의 상황이 어떻든 간에 이번 한 달 동안 파악을 끝마치겠다는 마음으로 노력하자.

**돈 버는
습관 02**

물건마다 감정의 꼬리표를 단다

소유한 물건을 파악하기 위해 사진과 메모를 준비했다면 이제 그 자료들을 최대한 활용해야 할 때이다. 활용하는 방법은 아주 간단하다. 자신의 감정을 있는 그대로 관찰하는 것이다.

사진을 찍고 메모를 하면서 물건을 파악하는 동안 어떤 느낌이 들었는가? 솔직한 기분은 무엇이었는가? 혹시 이런 생각이 들지는 않았는가?

'실제로 조사해 보니 예상외로 모자가 많았다.'
'비슷한 신발이 많아서 깜짝 놀랐다.'
'여기저기 쓰다 만 조미료가 잔뜩 있어서 반성했다.'

이런 생각을 한 뒤에 자신의 상태를 자각하고 '앞으로는 좀 더 주기적으로 정리를 해야겠다.', '물건을 너무 많이 사지 않도록 조심해야겠다.' 등의 생산적인 다짐을 한 사람도 있을 것이다.

이 정도만 해도 큰 발전이지만, 여기서 한 단계 더 나아가면 다음과 같이 생각의 확장을 체험하는 기회를 가질 수 있다.

'이렇게 많은 공간을 옷으로 채우고 싶지 않아.'
'이 상자는 쓸 일이 없으니 버려야겠어.'
'DVD는 자리만 차지할 뿐 잘 보지 않으니 가능하면 팔아야겠군.'
'생활 집기는 좀 더 늘려도 괜찮겠네.'

효과적인 소비 습관 개선은 자신이 가지고 있는 물건과 지난 소비 행동을 진지하게 돌이켜 볼 때 가능한 일이다. 단순히 내가 얼마나 많은 옷을 가지고 있는지, 창고에 있는 물건들 중 일 년에 한 번도 쓰지 않는 것이 몇 개나 되는지 조사하는 것에서 그치지 않고 소유물에 대한 자신의 기분을 깨닫고 반성하는 것으로 나아가야만 같은 잘못을 반복하지 않을 수 있다.

현재 가계부를 쓰고 있더라도 큰 효과를 보지 못한 사람들이 많을 것이다. 단순히 소비 내역만을 기입하고 있기 때문이다. 실제로 내가 컨설팅한 고객 중에도 "매일매일 쓴 돈을 기록하기는

하는데 소비 항목을 따로 리뷰해 본 적은 없어요."라고 말하는 사람이 많았다. 기록을 열심히 하더라도 어떤 물건을 샀는지까지 파악하지 않으면 일시적으로 돈 쓰는 것을 조금 억제하는 정도의 대처밖에 할 수 없다. 몇 년쯤 전에 기록하기만 하면 살이 빠지는 다이어트법이 유행했는데, 이 방법에서도 단순히 쓰기만 하는 게 아니라 다시 돌아보는 것을 핵심으로 여긴다고 한다.

노트에 메모한 내용을 바탕으로 다음 페이지의 그림과 같이 감정까지 확인해 보자.

싱글남 A

- 비싼 수트를 한 벌짜리인 줄 알고 샀다.
→ 지금도 즐겨 입는다.

- 헤어진 여자친구에게 받은 선물
→ 이런저런 추억이 떠올라 자주 입지 못한다.

- 큰마음 먹고 산 패턴 재킷
→ 좀 더 냉정하게 생각했다면 안 샀을 텐데……. 후회한다.

주부 B

- 홈쇼핑으로 구매
→ 지금 생각해 보니 충동구매였다.

- 스무디를 만들어 먹고 싶어서
→ 작심삼일로 끝났다.

- 튀김 요리에 편리하다고 해서
→ 정말 편리해서 지금도 요긴하게 쓴다.

정리 못하는 사람이 꼭 알아야 할 일곱 가지 해법

돈 버는 습관 03

《나는 단순하게 살기로 했다》의 저자 사사키 후미오는 "우리가 넓은 집에 살고 싶어 하는 이유는 물건들을 넓은 곳에서 살게 해 주고 싶기 때문"이라고 말했다. 물건의 집세까지 내지 말라고 조언하는 그의 말에 나는 크게 동의한다.

앞의 과정을 성실하게 이행했다면 물건의 재고 조사를 끝내고 각 물건에 대한 리뷰까지 진행했을 것이다. 그렇다면 이제는 '무엇을 남길지'를 고민해야 할 단계다.

불필요한 물건을 처음 정리한다면 막막할 수도 있다. 초보자들에게 도움을 주기 위해서 질문 리스트를 만들었다. 처음 한두 번만 그대로 따라 하고, 익숙해진 다음에는 효과가 없다고 생각하는 항목을 삭제하거나 필요하다 싶은 항목을 추가하는 등 본인에게 맞도록 변형해도 좋다.

우선 '일곱 가지 질문'에 대답해 보자.

❶ 소유하고 있는 물건을 확인한 후에 가장 먼저 든 생각은 무엇인가?

❷ 지금 갖고 있는 물건 중에 필요 없다고 생각한 것은 무엇인가?

❸ 필요 없다고 생각한 이유는 무엇인가?

❹ 필요하다고 생각한 물건 중에 없어도 불편하지 않은 것은 무엇인가?

❺ 지금 갖고 있는 물건 중에 사길 잘했다고 생각한 물건은 무엇인가?

❻ 사길 잘했다고 생각한 이유는 무엇인가?

❼ 앞으로 필요하다거나 갖고 싶다고 생각한 물건은 무엇인가?

처음에는 대답하기 조금 힘들지도 모르지만 포기하지 말고 무리하지 않는 선에서 천천히 해 나가길 바란다. 우리가 이루고자 하는 것은 습관을 만드는 것이기 때문이다. 여러 번 하다 보면 금세 익숙해질 것이다.

질문에 답하기 전 준비 운동

이 작업에서 가장 주의해야 할 점은 하나하나 시간을 들여 곰곰
이 생각한 후에 답해야 한다는 것이다. 시간을 들이는 것은 나쁜
일이 아니다. 오히려 빨리 해치워 버리겠다고 생각하면 아무 의
미 없는 작업이 되고 만다.

진지하게 임해야만 지금의 생활에서 덜어 내는 게 나은 물건과
반대로 생활하는 데 부족하거나 보충하는 편이 더 좋은 물건이
무엇인지 깨닫게 된다.

준비를 끝내고 막상 대답하려고 하면 질문에 대한 자신의 대
답이 맞을지 틀릴지 걱정될지도 모른다. 혹시라도 다른 사람들이
"아직 쓸 만한 물건인데 아깝지 않아?", "그런 물건은 절대로 필
요 없어."라며 자신과 다른 의견을 말할까 봐 불안해하는 사람들
이 있다.

그런 사람들에게 해 주고 싶은 말이 있다. 정답을 말해야 한다
는 부담감은 내려놓기를 바란다. 그런 부분은 크게 신경 쓰지 않
아도 좋다. 지금 당장은 어느 누구도 정답인지 아닌지 판단할 수
없기 때문이다. 자신감을 가지고 임하는 게 좋다.

'스스로 판단했다'는 사실은 거짓말을 하지 않는다. 작은 일이
라도 직접 판단하여 진행하는 과정을 거침으로써 자신감을 얻을

수 있다. 설령 그 판단이 잘못되었다 하더라도 나중에 '파악 → 반성'의 과정을 거치면서 실패가 줄어들게 될 것이다.

우선은 소유물 파악을 끝마친 그 순간에 어떤 감정이 들었는지를 기준으로 생각해 보자. 이 작업을 하는 동안에 물건과 소비에 대한 의식도 변하고 가치관도 변할 것이다. 그 가치관이 앞으로 물건을 살 때의 판단 기준이 된다. 서서히 달라지는 소비 결과로 자신의 변화를 실감할 수 있을 것이다.

참 많이도 끌어안고 살았다

그럼 이제는 질문의 의미를 자세히 들여다보자.

우선 질문 ②, ③, ④는 무엇이 불필요한지 생각할 기회를 주고 물건의 불필요함을 숙고하게 만듦으로써 정리를 도와주는 질문들이다.

내가 상담했던 고객 중에는 이 질문에 곧바로 대답하지 못하는 사람이 많았다. 정말로 불필요한 물건이 없는 게 아니라, 필요한지 아닌지 잘 모르거나 판단하기 힘들어하는 경우가 대부분이었다.

단숨에 대답하기 힘든 것은 이해하지만 아무리 생각해 봐도 도저히 답을 내지 못한다면 문제가 있다. 더 이상 줄일 것이 없을 정도로 꼭 필요한 최소한의 물건만으로 생활하는 사람이라면 몰라도, 물건이 평범하게 갖춰진 환경에서 생활하는 사람이라면 불필요한 물건이 없을 리가 없다.

"살아가는 데 꼭 필요한 물건인가? 그렇지 않은가?"라는 질문을 스스로에게 던져 보자. 필요와 불필요에 대한 자신의 정의를 확인해 보는 기회가 될 것이다.

이때 "가끔씩 쓸지도 몰라.", "지금은 필요 없지만 언젠가는 쓸 데가 있을 거야."와 같은 모호한 대답은 가급적 하지 않도록 주의해야 한다. 조금은 엄격하다 싶을 정도가 적당하다. 이를 보완하기 위해서 질문 ④가 있는 것이다.

단념과 포기를 할 줄 아는 사고방식은 돈 관리에 있어서도 효과적이다. 단념과 포기를 부정적으로만 생각해서는 안 된다. 쓸데없는 것을 포기하지 못해서 손해를 보거나 실패하는 사람은 우리 주변에서 쉽게 찾아볼 수 있다. 하락하는 주식을 포기하지 못하고 계속 쥐고 있어서 원금 손실을 보고 마는 사람, 보장 금액의 최저한도를 정하지 못해 비정상적일 만큼 비싼 보험에 가입하는 사람 등 어느 분야에서든 적당한 한계선을 찾지 못하는 사람들은 모두 포기하는 능력이 없는 것이다.

좀처럼 단념하거나 포기하지 못하는 태도도 물건을 대하는 방식을 통해 조금씩 개선해 갈 수 있다. 적당한 단념과 적절한 포기

싱글남 A

❷ 지금 갖고 있는 물건 중에 필요 없다고 생각한 것은 무엇인가?
→ 밀리터리 패턴이 들어간 재킷

❸ 필요 없다고 생각한 이유는 무엇인가?
→ 너무 튀어서 거의 입지 못하기 때문에

❹ 필요하다고 생각한 물건 중에 없어도 불편하지 않은 것은 무엇인가?
→ 헤어진 여자친구가 사 준 데님 재킷

주부 B

❺ 사길 잘했다고 생각한 물건은 무엇인가?
→ 전기 튀김기

❻ 사길 잘했다고 생각한 이유는 무엇인가?
→ 남편이 튀김 요리를 좋아해서

❼ 앞으로 필요하다거나 갖고 싶다고 생각한 물건은 무엇인가?
→ 기름 재사용을 위한 오일 포트

로 물건들을 정리하고 나면 '여태까지 참 많이도 끌어안고 살았
구나.' 하는 깨달음을 얻게 될 것이다.

잘 샀다, 앞으로는 이런 물건들만!

다음으로 질문 ⑤, ⑥, ⑦을 살펴보자.

이 세 질문은 여러분에게 명료한 '필요'의 기준을 만들어 주기
위한 질문이다. 물건을 파악하면서 '정말 사길 잘했다'는 마음이
들었던 물건을 떠올려 보자.

그 물건에서 느낀 감정을 앞으로 물건을 살 때 단서로 삼으면
된다. 이 감정을 바탕으로 단순히 갖고 싶은 '욕구'인지 '필요'에
의한 것인지 찬찬히 생각해 볼 수 있다. 이런 식으로 물건을 정리
하고 관리하다 보면 물건과 돈에 대한 생각이 변화하기 때문에
씀씀이도 크게 달라진다.

진지하게 임하는 것이 가장 중요

이 방법으로 효과를 보기 위해서는 '이것도 저것도 다 필요 없어'
라는 태도로 깊은 고민 없이 눈에 보이는 대로 버리는 것이 아
니라 '조금 망설여지지만 눈 딱 감고 필요 없는 물건으로 분류하

자!'와 같이 기꺼이 쓰라림을 감수하려는 태도로 실행해야 한다.

이때 익힌 단념하는 능력은 낭비를 막는 데 굉장히 효과적이다. 물건을 정리하는 일은 마음을 정돈하는 일로 이어지고 이는 불필요한 물건에 대한 욕심을 덜어 주기 때문이다. 덧붙여서 아무도 아까워하면서 버리는 행위를 계속 반복하고 싶어 하지 않으므로 돈 쓰는 일에 더욱 신중해진다.

돈이 새는 구멍을 막고 들어오는 돈을 잘 모으기 위해서는 앞으로의 지출을 관리하는 일도 중요하지만 그보다도 현재 내가 가지고 있는 것들을 정리하는 일이 중요하다. 한 달 동안 자신의 물건들을 정리하면서 생활의 변화를 직접 체험하고 나면 '물건을 정리하는 일이 돈과 무슨 상관이 있지?' 하며 품었던 의구심을 말끔히 해소할 수 있을 것이다.

첫째 달을 마치고

싱글남 A

옷과 DVD를 정리

안 입는 옷과 안 보는 DVD가 굉장히 많다는 사실을 깨달았다. 생활하는 데 필요한 옷은 이미 충분하므로, 이 이상은 모두 욕심일 뿐이라고 반성했다.

옷과 DVD 구입에 쓰던
지출을 줄여서 한 달 동안
30만 원을 남겼다.

주부 B

명품과 생필품을 정리

쇼핑해야만 직성이 풀리는 생활을 반성했다. 싸다고 해서 필요 이상으로 사재기하는 습관도 없앴다.

'집에 있는 물건들을
다 쓴 뒤에 사다 놓자'는
생각으로 장을 봐서
한 달간 20만 원을 아꼈다.

PART
2

두 번째 달

생활 관리

일상생활을 정돈한다

재무 상담하러 왔다가 인생 상담하는 이유

"항상 월급날 다음에는 돈을 펑펑 쓰는 경향이 있어요."

"일이 바쁜 시기에는 예상 밖으로 돈 관리가 잘되더라고요."

"중요한 프로젝트가 끝나면 긴장이 풀려서 그런지 낭비하는 경우가 많은 것 같아요."

재무 컨설턴트로서 일대일 재무 상담을 하다 보면 정말 가지각색의 돈 문제를 접하게 된다. 그런데 각자 다른 성격의 고민을 가지고 있다 하더라도 결국에는 모두 생활에 관한 이야기로 이어진다. 생활이 곧 돈 쓰는 일이기 때문이다.

지난 주말에 친구를 만나 어디를 갔고, 무엇을 보고 먹었는지에 대해 이야기하다 보면 자연스럽게 지난주 소비 내역을 알 수 있다. 도쿄 중심가에서 홀로 살고 있다는 대화를 나누면 월세와 관리비에 많은 돈을 지출하고 있다는 것을 짐작할 수 있다. 실제

상담을 할 때 돈과 숫자에 관한 이야기보다 사소한 대화에서 더 쉽게 문제점을 파악할 수 있는 것도 그 때문이다. 재무 상담을 하러 와서 자신의 생활과 삶에 대해 이야기하는 것은 너무나 당연한 일이다.

그런데 많은 고객들이 이야기를 하다 말고 "아이고, 제가 쓸데없는 이야기를 너무 많이 했지요. 돈 이야기로 돌아갈까요?"라며 황급히 말을 마친다. 생활과 돈이 밀접한 관련이 있다는 사실을 모르기 때문이다.

흐트러진 생활은 돈 문제로 나타난다

다음 문장을 읽어 보고 무엇이 원인이고 무엇이 결과인지 생각해 보자.

금전적인 부분에 문제가 생긴다 → 생활이 흐트러진다
생활이 흐트러진다 → 금전적인 부분에 문제가 생긴다

마치 달걀이 먼저냐 닭이 먼저냐는 질문처럼 보일지도 모르겠다. 당신은 어느 쪽이 먼저라고 생각하는가? 무엇이 선행되든 둘다 충분히 가능성이 있는 일이지만 실제로는 후자인 경우가 압도

적으로 많다.

- 직장 동료와 사이가 좋지 않다.
- 소중한 사람과 시간을 보낼 여유가 없다.
- 일이 잘 안 풀린다.
- 아이가 무슨 생각을 하는지 도통 모르겠다.

본인이 이런 고민을 털어놓으면서도 바로 이것이 돈을 못 모으는 결정적인 원인이라는 사실을 좀처럼 알아차리지 못한다.

'왜 돈이 모이지 않을까?', '어떻게 하면 돈을 모을 수 있을까?' 생각하다가 그 해결책으로 갑자기 가계부를 쓰거나 높은 이율의 예금, 떠오르는 부동산 등을 알아본다. 기술적인 부분에만 정신이 쏠려서 눈앞에 놓인 문제를 대수롭지 않게 여기는 것이다. 돈이 모이는 사람으로 거듭나기 위해서 우리에게 필요한 것은 발상의 전환이다.

이제까지 1만 명 이상을 상담하고 재무 상태를 개선하며 현장에서 다각적인 검증을 마친 결과, 심리적 고민이나 흐트러진 생활이 돈 문제로 드러나기 쉽다고 자신 있게 말할 수 있다. 결국 돈을 모으려면 생활을 먼저 정돈하는 것이 지름길인 셈이다.

대부분의 사람들이 겪고 있는 금전적인 문제는 적은 돈 그 자체가 아니다. 문제가 되는 것은 돈 새는 구멍이 많은 '생활 방식'이고, 무엇을 우선시할지 결정하지 못한 '가치관'이다. 이런 생활 방식과 가치관이라면 왜 돈이 모이지 않는지 이해가 가지 않는가?

사람들은 나를 찾아와 돈 문제에 대한 도움을 구하지만 근본적인 원인을 해결하기 위해서는 생활 속에 자리 잡은 문젯거리나 고민거리를 파고들어야 한다. 당장의 금전적인 문제만 처리할 경우 얼마 지나지 않아 해결되지 않은 생활의 문제가 다시 눈에 쉽게 보이는 숫자, 즉 돈으로 드러나기 때문이다.

명의가 질병과 상관없는 질문을 하는 이유

내가 처음 생활의 문제가 모든 문제의 원인이라는 생각을 하게 된 데는 주치의 선생님 덕이 크다. 나는 10년 넘게 당뇨병을 앓고 있다. 매 진료 때마다 선생님은 이렇게 묻고는 한다.

"일은 어때? 힘들지는 않아?"

"활약이 대단하던데 많이 바쁘지?"

"생활 리듬이 흐트러지지는 않았어?"

"요즘 특별히 스트레스를 받는 일은 없나?"

선생님은 일본 당뇨병 분야에서 손꼽히는 명의다. 진찰을 받던 초기에는 '왜 자꾸 병이랑 상관없는 질문을 하지?' 하고 생각했다. 하지만 이제는 그 이유를 확실히 알게 됐다.

당뇨병 환자들이 혈당 수치가 나빠지는 이유는 흐트러진 생활 때문이고, 정말 소중한 게 무엇인가를 깨닫지 못한 가치관 때문이다. 나는 당시 오랫동안 불규칙한 식생활을 지속했고, 운동다운 운동도 제대로 하지 않았다. 술을 좋아하는 데다가 한번 마시기 시작하면 폭음을 하는 생활을 계속했다. 이런 생활 습관을 고치지 않으면 아무리 인슐린 주사를 맞고 약을 먹어도 병세가 호전되기 어렵다.

그 점을 깨달은 뒤부터 열심히 생활을 정돈했더니 매일 맞던 인슐린 주사를 중단하게 되었고 약의 양도 줄어들었다. 재무 상태든 건강이든 정확한 원인을 알아야 해결책도 찾고 성과를 실감할 수 있다는 깨달음도 얻었다.

돈과 생활이 얼마나 밀접한 관련이 있는지, 그리고 아무 생각 없이 했던 행동들을 의식하는 것이 얼마나 중요한지 이해했으리라 생각한다. 무심코 지나쳤던 일상생활에 관심을 기울여 보자.

불안한 세상에서 정말 믿을 것은 돈뿐인가

돈에 대한 사람들의 걱정은 참으로 다양하다.

"교육비를 어떻게 모아야 할지 모르겠어요."
"가입한 보험이 이대로도 괜찮을지 봐 주세요."
"제 재무 상태 좀 진단해 주세요."
"자산운용은 꼭 해야 할까요?"
"빚을 어떻게 해야 할지 모르겠어요."
"노후가 걱정이에요."

그중에서도 가장 많이 하는 걱정은 "미래를 위해 더 많은 돈을 모아야 할 것 같다."이다. 물론 훌륭한 생각이지만 돈만 있으면 모든 게 해결된다고 믿는 것은 위험하다. 의지할 것은 '돈'뿐이라

90일 완성 돈 버는 평생 습관

고 착각한다면 안타깝게도 영원히 안전하다는 느낌은 받지 못할 것이다.

돈에서 안정을 찾으려 한들 불안은 사라지지 않는다

한 고객의 사례를 소개하겠다.

"저금이 100만 원밖에 없어서 불안해요. 1000만 원으로 늘리고 싶어요."

이 말과 함께 순조롭게 1000만 원을 모은 그 고객은 이번에는 이렇게 말했다.

"자식을 키우려면 1억 원은 모아야겠어요."

그리고 더욱 열심히 저축해서 1억 원을 만든 다음에는 이렇게 말했다.

"노후를 생각하니 3억 원은 있어야겠네요."

결국 이 고객은 10억 원을 목표로 돈을 모으다가 좌절하고 말았다. 마지막까지도 충분하지 않다는 불안을 남긴 채, 현재의 삶을 즐기는 일은 단 한 번도 없었다.

극단적인 사례이기는 하지만 '돈 = 만능 해결책'이라는 생각에 빠지면 아무리 시간이 흘러도, 아무리 돈이 많아도 이만하면 됐다는 안정감을 갖기 어렵다. 없으면 없는 대로 많으면 많은 대로 아직도 부족하다는 생각에서 벗어나기 힘들기 때문이다. 그렇게 되지 않으려면 '돈 = 만능 해결책', '돈 = 행복'이라고 연결을 지어 생각하지 말아야 한다.

덧붙여서 나는 이 정도면 충분하다는 자신만의 기준을 가져야 한다. 끝없이 욕심을 부리기보다 '꼭 필요한 최저한도는 얼마'라는 적정선을 찾아내는 것이 중요하다. 생활의 상한선이나 하한선을 정해 두면 씀씀이가 정돈되고 돈이 모이는 사람으로 변화할 수 있다.

요즘 젊은 세대는 물질적인 풍요만으로는 행복해질 수 없다는 사실을 깨닫기 시작했다. 남과 비교해 봤자 아무런 의미가 없으며, 위에는 위가 있고 아래에는 아래가 있다고 생각하는 것이다.

많은 돈이 무조건 행복을 보장해 주지 않는다. 어느 정도의 돈과 다른 것들, 예를 들면 날씨 좋은 날 가족과 함께하는 산책이나 좋아하는 친구들과 맛있는 음식을 먹으며 보내는 시간이 공존할 때 삶을 만족스럽고 풍요롭게 가꿀 수 있다.

물질만을 좇아가는 가치관으로부터 한 발짝 벗어나면 돈으로 채울 수 없는 일상의 소중함과 행복을 구할 수 있다. 다음의 여덟 가지 습관을 살펴보며 이제부터 본격적으로 생활을 하나하나 정돈해 가자.

마음 : 스트레스를 돈으로 풀지 않는다

돈 버는 습관 04

돈을 모으려고 여러 번 노력했지만 결국 실패했던 사람들의 대다수는 돈 관리보다는 마음에 문제가 있었던 경우가 많았다. 마음의 안정을 찾을 수 없는 사람이 심리적 허기를 채우기 위해 마구잡이로 쇼핑을 하기도 했고, 극심한 스트레스를 해소할 건강한 방법을 찾지 못한 사람이 폭음이나 폭식으로 돈과 건강을 낭비하기도 했다.

특히 연 수입이 높은데도 돈을 모으지 못하는 사람이라면 스트레스를 해소하기 위해서 돈을 쓰는 것은 아닌지 의심해 봐야 한다. 수입이 높지 않은 사람 중에도 푼돈을 모아서 무엇하나라는 마음으로 스트레스 해소에 돈 쓰는 것을 아끼지 않는 사람이 있는데 이 경우 지갑 사정은 훨씬 더 좋지 않다. 스트레스를 풀겠다고 외식에, 여행에, 옷에 돈을 마구 썼다면 불 보듯 뻔한 결과다.

스트레스는 살아 있는 존재라면 누구나 느낀다. 적절한 방식으로 발산하고 해소하기만 한다면 큰 문제도 되지 않는다. 스트레스로부터 도망 다니지만 말고 무뎌지는 방법이나 소화하는 방법을 찾아 한 번 성공하고 나면 스트레스를 적절히 조절할 수 있게 된다.

내가 수많은 상담을 하면서 발견한 것은 돈을 잘 모으는 사람은 스트레스를 스스로 조절하고 산책이나 달리기 등 여러 가지 방식으로 해결하는 법을 알고 있는 반면 돈을 못 모으는 사람은 돈을 쓰는 행위 자체를 해소법으로 여긴다는 것이다.

글로 스트레스를 풀어낸다

돈 쓰는 것은 스트레스를 풀기 위한 유일한 방법이 아니다. 물론 맛있는 음식을 먹거나, 좋아하는 영화를 보는 일에도 돈이 들어가지만 이때는 돈 쓰는 것 자체가 목적이 아니기 때문에 문제라고 볼 수 없다. 내가 지적하는 부분은 스트레스를 받으면 필요한 것도 없는데 인터넷 쇼핑몰에 접속하거나 퇴근길에 드러그스토어에 들려 잡다한 것을 구매하는 습관이다.

이런 습관을 바로잡기 위해서 내가 사용하는 방법은 '도대체 무엇이 스트레스인가?'라는 질문과 함께 스트레스의 원인을 글로 써 보게 하는 것이다. 막상 무엇 때문에 스트레스를 받았는지 대답하려고 하면 의외로 막연해하면서 구체적으로 뭐가 스트레스인지 모르겠다는 사람이 많다. 어쩌면 스트레스는 '낭비를 위한 변명'이었는지도 모른다.

그러니 우선은 침착하게 자리에 앉아서 스트레스에 대해 써 보자. 노트에 적어도 좋고, 휴대 전화에 메모를 해도 좋다. 어떤 방법이 되었든 글로 정리하는 게 포인트다.

그냥 떠오르는 대로 시시콜콜히 적어도 좋지만 그렇게 하면 항목만 늘어날 수 있으니, 크게 '인간관계', '일', '가족', '기타' 네 가지로 나누어서 생각해 보자.

일에 회사 내 인간관계가 포함되기도 하고, 자영업을 하는 사람이라면 일과 가족이 연결되어 있을 수도 있지만 순서에 따라 앞에서부터 차근차근 생각한다. 기타 항목에서는 돈 걱정이나 생활 환경에 대한 전반적인 고민을 적으면 되겠다.

글을 쓴 다음에는 해당 스트레스를 해소할 방법을 곰곰이 생각해 본다. 스스로의 힘으로 스트레스를 해결할 수 있는 방법을 생각나는 대로 검토하는 거다.

'상사와 잘 안 맞는다'라는 스트레스에는 '이직한다', '부서 이동을 요청한다' 등의 방법이 떠오를 것이다. 뾰족한 수가 떠오르지 않더라도 우선은 글로 써 보는 것이 문제 해결의 첫걸음이다.

싱글남 A의 스트레스 내용

인간관계

⤷ 상사와 호흡을 맞추기가 너무 힘들다.
거래처 담당자가 까다롭다.

일

⤷ 마감이 다가오면 막차 시간까지 일한다.
컴퓨터 업무가 많아서 운동이 부족하다.

가족

⤷ 최근 들어서 부모님이 자주 아프시다.

기타

⤷ 아파트 쓰레기장이 더럽다.

그다음에는 이 스트레스를 여태까지 어떻게 해결해 왔는지를 돌아볼 차례다.

만약 후배를 데리고 술을 마시러 갔다면 교제비가 들었을 것이다. 그때를 돌이켜 생각하면 어떤 생각이 드는가? 잘했다는 생각이 드는가 아니면 후회되는가? 이처럼 지금까지의 스트레스 해소법을 돌아보고 그 행동에 대해 어떤 기분이 드는지 인식하는 과정이 필요하다.

이 과정을 통해 자신이 스트레스 해소를 위해 돈을 써 왔다는 점을 명확히 깨닫고 나면 스스로 마음을 다스리는 편이 더 낫겠다거나, 상사와 한번 대화를 나누어 봐야겠다는 방향으로 마음이 바뀔지도 모른다.

물론 이렇게 해 봤는데도 상황이 개선되지 않는다면 그 스트레스를 해소하는 데는 돈이 필요하다고 결론 내릴 수 있다. 이만큼 깊이 파고들어 본 다음에야 비로소 이 기분을 전환하기 위해서는 꼭 돈을 써야 한다고 말할 수 있는 것이다.

사람들은 돈을 모으겠다고 결심하면 이런 식의 소비는 전부 중단하겠다고 다짐한다. 하지만 이런 다짐은 작심삼일로 끝나기 쉽다.

무엇을 숨기겠는가. 나 역시 돈이 드는 취미 생활을 여럿 가지고 있다. 할 일을 뒤로 제쳐 두고 재즈 클럽에 음악을 들으러 간다거나, 좋아하는 오디오나 기기의 부품을 찾아 전자 상가 밀집 지역을 어슬렁거리는 일은 인생에서 빼놓을 수 없는 즐거움이다. 게다가 위스키와 와인도 수집한다.

나는 취미 생활을 아주 중요하게 여기는 타입이다. 다만 과도하게 욕심을 부리지 않고 나에게 꼭 필요한 수준을 정하고 그 안에서 즐기기 때문에 가족들도 너그러이 이해해 준다. 아무 계획도 없이 무턱대고 행동하지 않도록 주의를 기울이는 것이 관건이다. 스트레스와 충분히 마주한 끝에 내린 결론이라면 좋아하는데 돈을 써서 스트레스를 해소하는 방법은 낭비가 아니다.

마음을 보호해 주는 심리적 울타리

돈 문제를 스트레스 탓으로 돌리는 사람들을 상담하다 보면 가족과 대화하는 시간이 적은 경우가 많았다. 꼭 가족이 아니더라도 자신을 보호해 주는 울타리 같은 존재와 이야기하는 기회가 많지 않았다. 그런 사람들의 지출 내역을 들여다보면 대부분이 낭비성 지출에 해당했다.

가족을 비롯해 의지가 되는 사람과 대화를 나누면 이야기를 하는 행위 자체만으로도 스트레스가 해소되는 효과를 얻을 수 있다. 그러니 기회가 될 때마다 주변의 좋은 사람들을 만나 대화 시간을 갖도록 하자. 생각을 이해받거나 상대의 배려를 느끼면 따로 어떤 행동을 하지 않아도 기운이 회복되고 안정이 유지된다. 가족을 소중히 여기는 것은 자신을 소중히 여기는 것과 같다고 말해도 지나치지 않다. 고객들과 상담할 때면 마음의 가장 큰 버팀목은 역시 가족이라는 사실을 뼈저리게 느끼곤 한다.

가족과 사이가 좋지 않거나 주변에 고민을 털어놓고 이야기할 만한 사람이 없다면 지금이라도 관계를 개선하기 위해 노력해야 한다. 심리적 울타리를 구축해 두지 않으면 술이나 도박 등에 의존하기 쉽다. 한번 이런 상황에 빠지면 악순환만이 반복된다.

마음이 어지럽고 위태로울 때는 아무리 독한 의지를 가져도 돈을 모으기가 쉽지 않다. 그러니 눈에 보이는 숫자에만 몰두해서 마음 챙기는 일을 소홀히 하지 않도록 주의하자. 돈 관리를 잘하지 못하는 원인은 마음속에 있다고 봐도 무방하다. 가장 먼저 해결해야 할 과제를 뒤로 미루다가는 모든 노력이 모래 위에 세운 누각이 되고 말 것이다.

몸 : 하루 일과를 기록한다

저축과 다이어트는 비슷한 부분이 많다. 일단 둘 다 관리가 중요하다는 공통점이 있다. 관리하는 능력을 키우면 사람은 눈에 띄게 달라진다.

핵심은 수치화 또는 가시화에 있다. 다이어트를 할 때 매일 몸무게를 기록하면 수치가 한눈에 보인다. 하루하루의 변화를 손쉽게 확인할 수 있으니 조금이라도 체중을 줄일 수 있는 방법을 이리저리 궁리하게 된다.

다이어트를 할 때 매일 몸무게를 기록하는 것처럼 매일 하루의 행동을 기록해 보자. 이 방법을 활용하면 하루 일과를 한눈에 파악해서 돈이 새는 구멍을 막을 수 있을 뿐만 아니라 건강까지 관리할 수 있게 된다. 기상 시간, 회사에 도착한 시간, 점심시간, 귀가 시간, 취침 시간과 같은 큼직큼직한 부분을 골라 기록해 보자.

꾸준히 기록하는 것은 쉬운 일이 아니지만 딱 이번 한 달 동안은 열심히 실천해 보기를 바란다.

몸을 소홀히 다루면 능률도 떨어진다

한 달 동안 야행성으로 생활한 날, 수면이 부족한 날, 휴일인데도 쉬지 못한 날 등이 얼마나 되는지 확인해 보자. 그리고 그런 날에는 상태가 어땠는지도 함께 떠올려 보자. 생활이 흐트러지면 일이나 집안일을 할 때 능률이 떨어지기 쉽다. 여러분의 기억 속에 떠오른 그날의 능률은 어떠했는가?

매일 자로 잰 듯 규칙적으로 생활하라는 말은 아니다. 몸을 소홀히 다루는 일을 조금 줄이자는 것이다. 능률이 높은 날이 늘어나면 삶은 훨씬 충만해진다.

큼직한 일과를 기록하는 일이 익숙해지면 음주량이나 흡연량도 함께 체크하자. 이 항목들은 자신도 모르는 사이에 양이 늘어나기 쉽다. 막연하게 '늘어난 듯하다'라고 판단하지 말고 정확한 양을 기록해야 한다.

술을 마신 날은 따로 표시하고, 내용에 얼마나 마셨는지 '맥주(350ml×2캔)와 와인(2잔)'처럼 자세히 적는다. 담배라면 하루에 몇 개비를 피웠는지 쓴다. 앞으로 생활에 무리를 주지 않는 적정

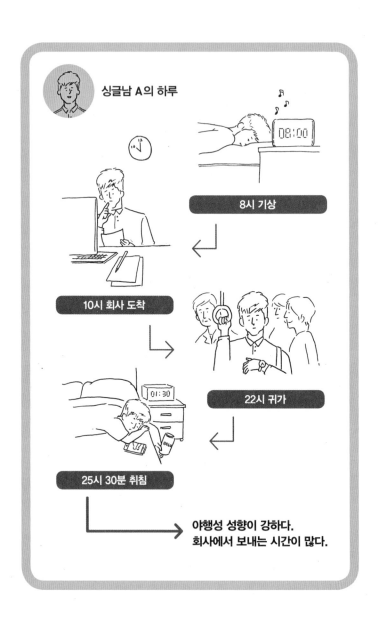

기준을 세우고, 조절할 수 있도록 이번 한 달 동안 현재 상태를 확실히 파악해 두자.

기본적인 이야기지만 유지 관리도 대단히 중요하다. 적어도 1년에 한 번은 건강 검진과 치아 검진을 받아야 한다. 치과 치료의 경우 한 번 치료받을 때마다 큰 비용이 나가는 일이니 애초에 치료를 받을 일이 없도록 건강을 유지하는 편이 이득이다. 검진 비용이 아깝다고 아껴서는 안 된다. 나중에 더 큰 금액을 대가로 치러야 할 수도 있다.

한 달이 끝나 갈 때쯤 파악한 내용과 건강 진단 결과를 함께 보며 자신의 건강 상태를 확인하자. 많은 사람이 '건강이 가장 큰 재산'이라고 이야기하는 데는 다 이유가 있기 마련이다.

이렇게 의식적으로 본인에게 맞는 생활 리듬을 찾고, 일과를 조정하고, 변화를 체감해 가다 보면 저절로 자신을 소중히 여기는 자세를 갖게 된다. 돈이 모이는 체질로 변화하는 과정에서 생활이 정돈되는 것은 물론이고 건강에도 부쩍 신경을 써 '외모'도 달라진다.

영화배우나 탤런트처럼 외적으로 화려해진다는 말은 아니다. 사람들에게 호감을 줄 수 있는 깔끔하고 단정한 인상으로 변한다는 말이다. "신뢰가 가는 사람과 일하고 싶다.", "지저분해 보이는 사람보다는 단정하고 건강해 보이는 사람에게 부탁하고 싶다."라

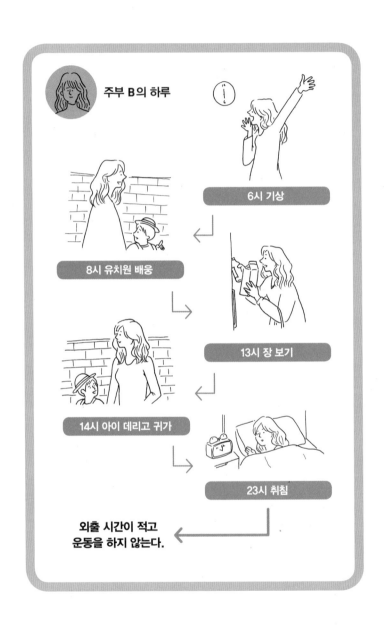

주부 B의 하루

6시 기상

8시 유치원 배웅

13시 장 보기

14시 아이 데리고 귀가

23시 취침

외출 시간이 적고
운동을 하지 않는다.

는 말을 한 번쯤 들어 보지 않았는가? 정돈된 생활은 정돈된 몸가짐으로 이어진다. 정돈된 생활로 돈도 모으고, 깔끔한 인상 덕에 일에서든 사생활에서든 이득을 얻는다면 이것이야 말로 일석이조가 아니겠는가.

돈 버는 습관 06	**자기 투자 :** 자신에게 공격형 투자를 한다

상담할 때 고객들에게 "자기 자신에게 투자하시나요?"라는 질문을 자주 하는 편이다. 이런 질문을 받으면 당신은 뭐라고 답할 것인가? 또 사람들은 뭐라고 답하리라 생각하는가?

이 질문에 곧장 대답하는 사람은 그리 많지 않다. 대부분은 "글쎄요, 특별히는……." 하며 말을 얼버무린다. 그러나 나는 그들이 전혀 투자를 하고 있지 않다고 생각하지 않는다. 조금 더 이야기를 진행하다 보면 "책을 읽어요.", "헬스클럽에 가서 운동해요.", "영어를 배우고 있어요."라며 답을 찾아낸다.

어쩌면 곧장 대답하지 못하는 게 일반적일지도 모른다. 자신에게 도움이 되는 일을 하고 있는데도 그것을 자기 투자로 여기지 않는 경우가 대부분이기 때문이다. 다시 말해 자기 투자에 대한 분명한 정의가 없다는 뜻이다.

90일 완성 돈 버는 평생 습관

쓰는 만큼 자신에게 돌아오는 자기 투자

자기 투자에 관해 이야기하기 위해서 무엇을 자기 투자로 여길지를 정해야 한다. 잠시 생각해 보자. 기본적으로는 '자기' 투자이므로 자신의 장래에 도움이 되는 일이나 경험이 해당된다. 이렇게 설명하면 다음과 같은 대답이 쏟아져 나온다.

"학원에 다니고 있어요."
"자격증을 따려고 공부하고 있어요."
"얼마 전에 돈 관련 세미나에 참석했어요."
"인터넷 동호회에 나가서 취미가 같은 새 친구를 만들었어요."
"쉬는 날에는 나를 위해서 예쁘게 차려입기로 했어요."
"올해 여름 휴가 때는 해외여행을 가서 세계를 보는 눈을 넓히려고요."

그중에는 이렇게 대답한 사람도 있었다.
"저는 '사람'에게 투자합니다."
이 대답의 주인공은 53세인 N씨로 그는 오사카에서 작은 회사를 경영하는 사업가다. 그는 자신의 능력에는 한계가 있고 혼자서는 큰일을 해낼 수 없으므로 사람을 얻기 위해 관계에 돈을 투자한다고 했다. 사람을 새로 알게 되면 우선 밥을 함께 먹고, 가능한 여러 번 만나면서 그 사람의 사고방식과 성격, 돈 쓰는 방식 등을 관찰한다고 한다.

그 이후에 믿을 만한 사람이라는 판단이 서면 사업을 함께 추진하자고 제안하기도 하고, 반대로 상대방에게 신뢰를 얻어 투자를 받는 일도 있다고 한다. 일견 N씨는 다른 사람에게 많은 돈을 쓰는 것처럼 보이지만 결과적으로 자신에게 유리한 결과로 돌아오기 때문에 자기 투자로 이어진다고 할 수 있다.

'공격형' 투자와 '수비형' 투자

여기까지 읽고 '자기 투자를 하려면 꼭 돈을 써야 한다는 소리인가?'라고 생각했다면 상당히 예리한 사람이다. 자기 투자에는 '공격형'과 '수비형'이 있다. 지금까지 이야기한 자기 투자는 돈을 쓴다는 점에서 공격형에 속한다.

그렇다면 돈을 쓰지 않는 투자가 있을까? 수비형 자기 투자가 그렇다. 간단히 말해 저축하는 것이다. 미래를 대비해 지금 절약하여 모아 두는 것이다. 공격형과 수비형, 어느 것 하나 중요하지 않다고 말할 수 없다. 두 가지 성격의 자기 투자 사이에서 균형을 맞추는 게 중요하다. "돈이야 앞으로 더 벌면 되니까 일단 쓰자!"

라고 생각한다면 생각을 고쳐야 한다. 이런 마음가짐이라면 더 많은 돈을 벌게 되도 더 많이 쓸 뿐 어느 때에도 돈을 모으지 못한다.

그렇다면 어느 쪽부터 시작하는 게 좋을까? 미래 발전 가능성이 높은 20대와 30대는 공격형 자기 투자를 더 염두에 두어야 한다. 새로운 공부를 시작하거나 존경하는 분과 식사 자리를 마련하는 등 능력 계발에 도움이 될 만한 일들이 떠오르면 바로 실천하자. 거창한 일이 아니어도 좋다. 책을 사거나 강의를 듣는 것으로 시작해도 충분하다. 그 순간에 떠오른 일에 돈을 투자하자.

새로 일을 벌이는 것이 부담스럽다면 지금 돈을 쓰고 있는 일에서 배움을 구할 만한 여지가 있는지 생각해 보는 것도 좋은 방법이다. 회사 욕하느라 아침까지 술을 마셔서 10만 원을 썼다면 낭비지만, 선배와 한잔하며 일에 대해 조언을 구하는 데 10만 원을 썼다면 투자라고 볼 수 있다.

다만 불안한 마음에 지나치게 저금을 우선시해서 공격형 자기 투자를 완전히 중단하는 일이 생기지 않도록 주의해야 한다. 특히 운동이나 학원에 사용하는 비용은 제일 쉽게 긴축할 수 있는 부분이지만 그러지 말 것을 간곡히 부탁한다. 지키려고만 해서는 아무것도 지킬 수 없게 된다. 지키기 위해서는 때로는 공격도 필요한 법이다. 현재에 안주하면 아무것도 얻을 수 없으며 삶은 풍

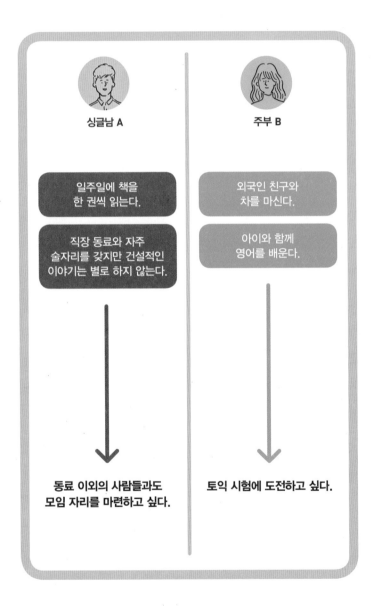

싱글남 A

일주일에 책을
한 권씩 읽는다.

직장 동료와 자주
술자리를 갖지만 건설적인
이야기는 별로 하지 않는다.

↓

동료 이외의 사람들과도
모임 자리를 마련하고 싶다.

주부 B

외국인 친구와
차를 마신다.

아이와 함께
영어를 배운다.

↓

토익 시험에 도전하고 싶다.

요로워지지 않는다. 아무리 절약해도 사라지지 않는 불안을 떠안고 아득바득 돈만 모으는 인생을 살게 될 뿐이다.

우리는 이제 많은 돈이 풍요를, 행복을 보장해 주지 않는다는 것을 안다. 돈은 삶에서 보다 많은 가능성을 쥐기 위한 수단일 뿐 돈 자체가 목적이 되어서는 안 된다. 주객전도되지 않도록 주의해야 한다.

자, 그러니 공격형 자기 투자부터 시작하자. 나에게 투자하는 것이 가장 확실한 투자다. 어렵게 마련한 10억짜리 집이 부동산 폭락으로 반 토막이 되는 것을 이미 눈으로 보지 않았는가. 수비형 자기 투자인 저축은 그다음이어도 충분하다.

돈 버는 습관 07

인간관계 : 돌아오면서 후회하는 만남에 돈 낭비하지 마라

우리가 일반적으로 지출하는 교제비로는 친구들과의 친목 도모비, 축의금이나 조의금 같은 부조금 등이 있다. 이 글에서는 부조금이나 명절 선물비를 제외하고 교제비에서 큰 부분을 차지하는 '모임비'에 대해 이야기하려 한다.

돈을 모으려면 무조건 모임비를 줄이라는 이야기를 하려는 것은 절대 아니다. 우리가 돈을 모으는 이유는 삶을 더 풍성하게 만들기 위해서다. 그 과정에서 인색해질 필요는 없다.

누군가는 한 달 동안 사용할 예산을 정해 두거나 참석 횟수를 제한하라고 하지만 사실 교제비에서 그런 식의 판단 기준은 바람직하지 않다. 지출액이나 횟수보다 중요한 것은 용도다. 어디에 돈을 쓰는지, 그곳에만 집중하자.

사람을 만나는 이유를 분명히 한다

금액에 일희일비하며 얼마를 썼는가, 앞으로는 얼마를 쓸 예정인가를 생각하기에 앞서 '무엇을 위해 교제비를 쓰는가'에 대해 명확한 답을 내려야 한다.

기본적으로는 다른 사람과 원만한 관계를 맺기 위해서겠지만 더 깊이 들어가 보면 그 끝에는 인맥 형성, 영업을 위한 접대, 지식 습득, 새로운 만남, 스트레스 해소 등 저마다의 목적이 있을 것이다.

만남의 '목적'이 무엇인지 최대한 구체적으로 생각해 보자. 돈을 모으지 못하는 사람 중에는 "연락이 오면 나간다.", "안 좋게 생각할까 봐 거절할 수 없다."라며 수동적인 태도를 보이는 사람이 많다.

더 심각한 경우는 자리에 참석했다가 돌아와서는 '휴, 가지 말 걸 그랬어.' 하고 후회하는 것이다. 돈만 헛되이 쓴 것이 아니라 시간까지 낭비했으니 얼마나 의미 없는 일인가.

'○○ 씨의 조언이 필요하다.'
'친구들과 이야기를 나누면서 기분 전환을 하고 싶다.'
'저번에 받은 도움에 대한 보답을 하고 싶다.'

모든 만남에 이런 식으로 목적을 부여하는 연습을 하자. 모임에 다녀오면 돈을 얼마나 썼는지만 신경을 쓰기 쉬운데 그보다는 '왜 갔는지'를 확실히 하는 게 중요하다. 만남의 목적을 메모해 두면 도움이 될 것이다.

앞에서 이야기한 스트레스를 글로 써 보는 습관도 교제비 지출을 관리하는 데 도움이 된다. 스트레스받는 원인이 무엇인지 명확하게 알아야지만 사람을 만나는 목적을 분명하게 할 수 있기 때문이다. 업무 능력이 향상되지 않아 스트레스를 받고 있는데 친구들을 만나 농담이나 주고받는 것은 방법이 아니다. 이럴 때는 멘토나 선배를 만나 그에 대한 조언을 구해야 한다. 반면 사람 때문에 힘들거나 외로움을 느끼는 경우에는 일에 매달리는 대신 친구들을 만나 웃고 떠들면서 행복한 기분을 회복하는 것이 의미가 있다.

이 시기에는 명확한 기준을 만들고 흔들리지 않는 자신만의 축을 완성하는 것에 집중하도록 하자. 자신이 주체가 되어 주도하는 모임이 아니라면 '왜 나가야 하는지' 의식하면서 참석하는 것이 좋다. 가야 할 이유를 찾지 못했다면 용기 내어 거절하자. 그렇게 하면 하나하나가 생산적인 만남이 되고, 쓸데없는 교제비 낭비도 줄일 수 있다. 이번 달은 차라리 금액에는 전혀 신경 쓰지 말고 목적만을 의식하며 관계를 정립하는 기간으로 생각하면 좋겠다.

술자리가 많은 싱글남 A의 경우

4월의 모임
- 같은 부서 사람들과 벚꽃 놀이
- 신입사원 환영회

↳ 사내 친목을 다지기 위한 자리였다.

5월의 모임
- 상사와 술자리
- 거래처 담당자와 회식

↳ 큰 프로젝트가 끝나서 인사 차원으로 가진 자리였다.

**6월에는 퇴근 후 사내 모임과 업무 만남을
'1회'로 제한하자!**

술 접대 안 하는 영업 사원이 승승장구하는 비결

나의 고객 중 한 명인 스물아홉 살의 T는 밝고 활력 넘치는 영업 사원으로 비교적 수입이 높았지만, 부담해야 하는 교제비도 만만 치 않았다. 그러나 지금의 수입을 유지하려면 사람들을 만나고 대접하는 데 돈을 아낄 수가 없다고 했다.

T가 교제비를 지출하는 목적은 '영업'이었다. 하지만 술자리 접 대를 그다지 좋아하지 않다 보니 자리에 나가는 것이 곤욕스러웠 다. 게다가 마음을 다잡고 나간 자리에서 열과 성을 다하더라도 종종 좋은 결과를 얻지 못할 때도 있어 점점 스트레스가 쌓였다.

나와 T는 상황을 바꾸기 위해 지금까지 T가 가지고 있던 영업 에 대한 생각을 한번 의심해 보기로 했다. 그 결과 단순히 계약 성사를 위한 친분 다지기가 목적이라고 생각했던 영업에서 '정보 의 수집과 제공'이라는 목적을 찾아냈다. 우리는 새로 찾은 목적 에 집중하기로 했다. 구체적으로 말하면 사람들과 만나는 시간을 밤이 아니라 낮, 즉 점심시간으로 제한해서 활동하기로 한 것이 다. 그렇게 하니 시간도 돈도 절약할 수 있었다.

술을 마시지 않아서 고객과 나눈 잡담까지 정확히 기억했고, 식사가 끝난 후에는 대화 내용을 반드시 메모해 두었다가 상대에 게 딱 맞는 정보를 수집하고 제공하는 데 집중했다. 그러자 술 접

대를 하지 않아서 고객들이 떠나가면 어떡하나 불안해했던 것이 무색할 정도로 오히려 실적이 좋아졌다. 게다가 더 줄일 수 없으리라 생각했던 교제비도 영업을 시작한 이래로 가장 적게 지출했다고 하니 두 마리의 토끼를 잡은 것이나 다름없다.

이도저도 안 되는 경우, 나는 기간을 정해 무조건 참석하지 않는 방식을 쓴다. 오랜 기간 동안 계속해서 술자리에 나가지 않는 게 아니라 나에게 집중하고 관계를 돌아볼 시간이 필요할 때 1년에 한 달 정도를 참석하지 않는 기간으로 정한다.

이 책을 집필한 1월이 마침 그 기간이었다. 연말에 송년회가 많았던 만큼 새해 첫 달은 절제하면서 책을 완성하기로 한 것이다. 이 시기에 거절했다고 해서 사교성이 부족하다고 평가해 이후부터는 모임에 부르지 않는다면 그 사람과는 거기까지인 관계일 뿐이다.

만남에서 당신이 얻고자 하는 것은 무엇인지, 넓게는 관계에서 무엇을 가장 소중하게 생각하는지 교제비를 계기로 생각해 보길 바란다.

돈 버는 습관 08

식비 :
끼니와 냉장고 상태를 기록한다

마음, 몸, 자기 투자, 인간관계를 정돈했다면 이제는 눈에 보이는 생활 부분을 정리할 차례다. 쉽게 시작할 수 있도록 우리가 매일 먹는 음식에서 출발하자.

첫 번째 달에 집 안 물건들의 사진을 찍은 것처럼 두 번째 달에는 매끼 식사 사진을 찍어 보자. SNS에 올리는 사진처럼 화려한 식사만을 예쁘게 찍는 게 아니다. 사진을 찍는 목적은 우리가 무엇을 먹는지 파악하기 위해서다. 정직하게 아침, 점심, 저녁 세 끼를 전부 찍자.

고객 중에는 식사 내용을 하나도 빠짐없이 노트에 적는 사람도 있는데 물론 이렇게 하는 편이 훨씬 상세하게 기록할 수 있다. 하지만 여간 손이 가는 일이 아니니 처음부터 무리할 필요는 없고 쉽고 간단하게 사진 찍기를 습관화하면 된다.

일단은 계속해서 사진을 남기면 된다. 그리고 기간을 설정해서 어떤 음식을 먹었는지 사진을 보면서 되새기는 것이다. 기간은 2주 정도면 적당하다. 이렇게 하면 끼니마다 칼로리가 높은 식사를 하고 있다거나, 채소 섭취가 상당히 부족하다거나 하는 문제점을 파악할 수 있다. 사진을 다시 보기만 해도 '이대로는 안 되겠다.', '뭔가 해결책을 찾아보자.', '이 부분을 개선해야겠다.'와 같은 마음이 생겨날 것이다. 어떤 마음이든 자신의 식생활을 돌아보고 개선하기 시작하면 식비도 저절로 줄어든다. 고칼로리 음식을 줄이기 시작했더니 식비가 30퍼센트나 절감됐다고 말한 고객도 있었다.

식사 내용을 파악하는 것의 장점은 이뿐만이 아니다. 흐트러진 생활을 하는 사람은 한 달에 몇 번이나 외식을 하는지 잘 모르는 경우가 많다. 외식을 할지 말지를 그때그때 충동적으로 결정하기 때문이다. 그럴 때 사진이 있으면 "이번 주에는 외식을 벌써 세 번이나 했네."처럼 자신의 생활을 파악할 수 있어 별다른 이유 없이 낭비하는 외식비를 막아 준다.

집에서 직접 요리하는 일이 많다면 끼니뿐만 아니라 냉장고 안도 정기적으로 사진을 찍어 두자. 일상이 정돈되지 않으면 식재료가 상하거나 유통기한이 지나서 버리는 일이 비일비재하다. "별 수 없지, 어차피 다시 사면 그만이야."라고 생각하다 보니 쓸데없는 식비가 계속해서 늘어나고 만다.

그런 일을 방지하기 위해서 다음 그림의 주부 B처럼 냉장고 내 용물을 파악해 두고, 가능하면 먼저 남은 식재료부터 요리에 사용하자.

상해서 버리는 식재료가 많은 주부 B의 경우

전골 요리를 만든 후에 배추가 남았다.

중국식 만두 완탕을 사다가 남은 배추를 활용하여 중국식 수프를 만들자!

돈 버는 습관 09

고정 생활비 :
사용하지 않은 요금까지 납부하지 마라

우리가 지출 중에 고정 항목이라고 생각하는 비용은 월세, 관리비, 보험료, 자동차 할부금, 휴대 전화 요금 등이 있다. 매월 지불액이 정해져 있다 보니 이런 고정 지출에는 별로 신경을 쓰지 않게 된다. 그러나 뒤집어 생각해 보면 돈이 새어나가고 있는데도 가장 알기 어려운 구멍이 바로 고정 생활비이다.

여러 항목이 있지만 그중에서도 타성에 젖어 돈을 지출하기 쉬운 휴대 전화 요금과 공과금에 대해 이야기하려고 한다.

휴대 전화 요금 :
SNS 중독 때문에 돈을 낭비하고 있지 않은가

대부분의 사람들이 휴대 전화 요금은 조금 비싸더라도 당연히 지출해야 하는 항목으로 인식하고 있다. 이번 달은 일상생활을 정리 정돈하는 달인 만큼 높은 휴대 전화 요금 자체가 아니라 자신의 휴대 전화 사용 방식에 집중하기로 하자.

돈을 모으지 못하는 사람일수록 휴대 전화 사용량을 조절하지 못하는 경우를 많이 보게 된다. 업무 때문에 통화량이나 데이터 사용량이 많다면 이야기가 다르지만 그런 경우가 아니라 습관적으로 인터넷에 접속하고 무의미한 잡담을 나누기 위해 높은 요금제를 사용하고 있다면 강제적으로라도 줄여야 한다.

적지 않은 사람이 항상 남의 눈을 의식하고, 인터넷에 연결되어 있지 않으면 불안해하는 태도 때문에 많은 돈을 데이터 요금으로 사용한다. 특히 요즘에는 SNS 중독인 사람을 쉽게 만날 수 있다. 시도 때도 없이 휴대 전화를 확인하느라 일에 집중하지 못한다거나, SNS 상태에 변화가 생기면 댓글을 달거나 답장을 해야만 직성이 풀린다는 것이다. 만일 여러분이 그런 상태라면 한시라도 빨리 휴대 전화를 대하는 자세를 바로잡아 의존에서 벗어나야 한다.

내가 이제까지 상담한 경험으로 보자면 SNS 중독에 빠지기 쉬운 사람의 특징은 다음과 같다. 스트레스에 취약하다, 발이 넓다, 협조적이다, 외로움을 많이 탄다, 부지런하다, 남의 의견에 잘 휩쓸린다……. 이런 성격이라면 지금 당장 당신의 휴대 전화 사용 습관을 확인하도록 하자.

휴대 전화 요금의 경우 한번 설정하면 변경하는 경우가 많지 않다. 이번이 휴대 전화 요금을 점검하는 기회가 되어 줄 것이다. 일단 휴대 전화로 보통 무엇을 하는지 나열해 보고, 그 사용량에 대해 현재 요금이 적정한지 확인한다. 매달 얼마 정도의 휴대 전화 요금을 내는 게 적당한지 자신만의 기준을 만들어 보는 것도 좋다.

월 요금을 30일로 나누었을 때 일별 요금이 얼마인지 확인하는 것도 효과적이다. 하루에 전화를 한 통도 하지 않거나, 출퇴근 시간에 인터넷에 접속하는 게 전부라면 '이것밖에 안 쓰는데 하루에 5000원이면 좀 비싸네.'라는 생각이 들 수도 있다. 이런 생각이 들었다면 주저하지 말고 요금제를 변경하자. 찾아보면 분명히 자신에게 맞는 요금제가 있을 것이다. 자신의 사용 패턴에 따라 통신사에서 추천하는 요금제를 검토하는 것도 방법이다. 요즘에는 어디를 가나 무선 인터넷이 잘 구축되어 있어 굳이 많은 데이터를 제공하는 요금제를 쓸 필요가 없다.

개인적으로 가장 좋은 방법이라고 생각하는 것은 단연 알뜰 통신사 사용이다. 통화량이 많은 사람에게는 큰 메리트가 없을지도 모르지만 주로 메일, SNS, 웹 서핑만을 이용하는 사람이라면 필요 없는 기능이나 애플리케이션은 쓰지 않는다는 전제하에 저가

SNS를 많이 사용하는 주부 B의 경우

주부B의 매달 휴대 전화 요금은 약 10만 원,
1일 약 3500원 꼴이다.

주요 사용 내역
남편이나 아이 유치원 엄마들과 모바일 메신저로 대화
저녁 식사용 레시피 검색

기존과 똑같이 사용하면서 1일 요금을
1000원으로 낮추고 싶어서
저가 통신사로 변경하여 휴대 전화 요금을 줄였다.

통신사로 갈아타는 것도 검토할 만하다.

'이런 게 얼마나 된다고'라며 하찮게 여길지도 모르겠다. 요금 자체는 얼마 되지 않을 수도 있지만 이런 부분에서도 스스로 통제력을 가지고 생활의 주도권을 잡겠다는 마음가짐이 중요하다. ATM 출금 수수료, 과태료 연체 비용 등이 모두 이러한 항목에 해당한다. 하나를 대하는 자세가 달라지면 열 가지에서 새던 돈을 모을 수 있다. 과거에 여러 번 그랬듯이 다음으로 미루지 말고 이번 기회에 바로 잡아야 한다.

충분히 정보를 모은 후에 고민해 보겠다는 자세 대신 지금 바로 행동에 옮겨 보자. 가입했을 때 계약한 요금제를 아무 생각 없이 유지하는 것을 지양하고 요금에 거품이 있는 건 아닌지 확인하는 자세를 갖는 것이 중요하다.

공과금 :
지난 요금 대비 10퍼센트만 줄여도 성공

수도, 전기, 가스는 생활에 꼭 필요한 부분이다 보니 조금만 방심하면 사용량이 많아져 거액의 청구서가 날아오기 쉽다.

"공과금을 아껴 봅시다!"

이렇게 말하면 지나치게 무리하는 사람들이 많다. 그러나 이것은 잘못된 방법이다. 냉난방을 거의 하지 않는다거나 목욕과 세탁 횟수를 극단적으로 줄이는 등 생활에 지장이 생길 정도로 절약하는 것은 너무 일차원적인 접근이다. 수도 · 전기 · 가스 요금은 지난 요금을 기준으로 10퍼센트만 줄여도 성공적이라고 말할 수 있는 항목이다. 평상시에 펑펑 사용했던 일부 고객은 20퍼센트까지 줄이는 것도 가능했다.

한 달에 수도, 전기, 가스를 모두 합친 요금이 약 20만 원일 때 10퍼센트를 줄인다면 2만 원을 아낄 수 있다. 크게 무리하지 않고 10퍼센트만 아껴도 몇 만 원을 줄일 수 있으므로 시도해 볼 만한 가치가 있다. 이번 한 달 동안은 지난달 요금에서 10퍼센트만 줄이겠다는 목표를 세우고 노력하자.

무리 없이 사용량을 줄이는 방법으로는 LED 전구를 사용하고, 샤워기 헤드를 절수형으로 교체하는 것을 추천한다. 한꺼번에 LED 전구로 전부 바꾸려면 비용이 만만치 않으니, 전구 수명이 다한 것부터 차례대로 교체하거나 자주 쓰는 곳을 먼저 갈아 끼우는 것도 방법이다. 구입 비용이 다소 비싸게 느껴질지도 모르지만 반년이면 본전을 건질 수 있다. 게다가 백열전구보다 훨씬 수명이 길기 때문에 장기적인 관점에서 이득이다.

이밖에 기본적인 사항을 지키는 것도 중요하다. 다른 방으로 이동할 때는 방의 불을 끄고 나가고, 비데를 사용하지 않을 때는 비데 히터가 계속 돌아가지 않도록 반드시 뚜껑을 닫아 둔다. 자기 전에 IPTV 단말기의 전원을 뽑는 것도 도움이 된다. 사소한 부분이지만 의식하려고 노력하자. 작은 부분에 주의를 기울이는 일은 정돈된 생활의 밑그림 작업과도 같다.

낭비하는 요금을 줄이는 게 핵심

휴대 전화, 수도, 전기, 가스 요금으로 대표되는 고정 생활비를 점검할 때 혼동하지 말아야 할 점이 있다. 이 작업의 목적은 필요 없는데 사용해서 낭비하는 요금을 줄이자는 것이지 무조건 아끼자는 게 아니라는 것이다. 앞에서 말했듯 일 때문에 휴대 전화를 많이 사용한다면 높은 요금제를 쓰는 게 당연하다. 집에 단열 작업이 잘 되어 있어서 난방비가 적게 나온다면 굳이 더 줄일 필요가 없다.

자신의 라이프 스타일을 파악하고 낭비하는 항목이 무엇인지 생각해 보자. 위에서 설명한 항목은 문제가 없다면 굳이 따라 하지 않아도 된다. 대신 누수가 있는 다른 항목을 점검하면 된다. 또한 자신이 생활하는 데 있어서 필수적인 활동이 있다면 스트레스를 받으며 줄이려고 하지 말자. 가족이나 친구들과 멀리 떨어져 살기 때문에 종종 안부 전화를 하는 것이 꼭 필요하다면 참지 말

자. 주말에 따뜻한 물로 목욕을 하는 것이 일주일의 스트레스를 푸는 방법이라면 그대로 유지하면 된다.

습관적으로 행동했던 일들에 대해 다시 생각해 보는 시간을 갖는 것 자체로도 의미가 있다. 그 과정에서 물건을 정리할 때처럼 비용을 들여서라도 꼭 해야 하는 필요한 일과 당장 정리해야 하는 불필요한 일이 구분될 것이기 때문이다.

수도·전기·가스 요금을 대수롭지 않게 여겼던
싱글남 **A**의 경우

지난달 공과금 : 120,000원

12,000원을 줄여 보자!

실천할 수 있는 부분
- 세탁기는 주말에 한꺼번에 돌린다.
- 냉장고는 전혀 사용하지 않으므로 전원을 꺼 둔다.

포기할 수 없는 부분
- 매일 깨끗한 물에 몸을 담그고 싶다.

**돈 버는
습관 10**

집 :
목표는 '즐거운 나의 집' 만들기

여기까지 읽었다면 잠시 한숨 돌려 보자. 누수가 있던 생활을 보수 공사하는 작업이 녹록지 않았을 것이다. 쉽지 않았을 텐데 잘 따라와 준 여러분에게 격려의 박수를 보낸다. 지금까지 작은 부분을 잘 메웠기 때문에 탄탄한 기초를 마련할 수 있었다.

이번에는 '집'에 대해 검토해 보려고 한다. 집은 생활의 기반이자 사고방식과 생활 방식이 가장 잘 드러나는 공간이다. 그렇기 때문에 전반적인 생활을 돌아보고 자신만의 가치관과 기준을 만들어야 하는 두 번째 달에서 가장 중요한 작업이라 볼 수 있다. 이번 달에는 밤늦게 들어와서 아침에 허겁지겁 나가느라 등한시했던 집을 정성 들여 살펴보자.

휴식을 취하는 곳인가, 물건을 보관하는 곳인가

"즐거운 곳에서는 날 오라 하여도 / 내 쉴 곳은 작은 집, 내 집뿐 이리 / 꽃 피우고 새 우는 집, 내 집뿐이리"

미국뿐만 아니라 전 세계인에게 사랑받는 노래 〈즐거운 나의 집〉의 가사 중 일부이다. 나는 이 노래가 이상적인 집의 모습을 잘 표현해 주고 있다고 생각한다. 집은 가장 편안함을 느낄 수 있는 곳이어야 하고 안정을 줄 수 있는 곳이어야 한다.

도로 위는 쌩쌩 달리는 자동차로 가득하고, 어느 곳이든 많은 사람들로 북새통을 이루는 도시에서 현대인들이 안정을 찾을 수 있는 거의 유일한 공간은 집이다. 집에서는 소음과 공해, 다른 사람들의 시선에서 벗어나 마침내 휴식을 취할 수 있다. 집에 있는 동안 재충전을 해야 다음 날 또 힘을 내서 세상에 나갈 수 있다.

자, 그렇다면 이제 당신의 공간을 둘러보자. 휴식을 취할 만한 공간인가? 그 어느 곳에서보다 안정감을 느끼는가? 공간을 지배하는 자는 당신인가 아니면 물건들인가? 사람은 어수선하고 무질서한 공간보다 정돈이 잘된 공간에서 편안함을 느낀다. '나는 방 안이 어지러워도 편히 쉴 수 있다'라고 말하는 사람은 단지 그 공간에 익숙해서 그런 것뿐이다. 흐트러진 생활에 익숙해져서는 안 된다.

일주일에 한 번은 깨끗이 청소를 하고, 첫 번째 달에 가려낸 필요 없는 물건들은 뒤도 돌아보지 말고 버리자. 내가 쉴 공간을 쓸데없는 물건들이 차지하는 것은 얼마나 아까운 일인지를 되새기면 수월할 것이다. '물건을 위해 집세를 내지 않겠다'는 강한 의지를 다지는 것도 좋은 방법이다.

청소를 하고 불필요한 물건을 버리면 묘하게도 '제대로 살아야겠다'는 마음이 생긴다. 집을 정말 필요한 물건과 좋아하는 물건으로만 채우고 싶다는 생각도 든다. 마음을 들여다보고 진정 원하는 것을 찾는 훈련을 한 결과다. 이제 더 이상 다른 사람들에게 보여 주기에 그럴듯하고 번듯하기 만한 것들에는 손이 가지 않을 것이다.

시간을 들여 물건을 정리하고 집을 정리하는 단계를 차근차근 밟아 왔을지라도 여전히 물건을 버리는 일에 어려움을 느낄 수 있다. 몇십 년 동안 유지했던 생활 방식이기 때문에 충분히 이해한다. 어려움을 느끼는 가장 큰 이유는 아마 '지금은 쓰지 않더라도 언젠가는 쓰겠지'라는 생각일 것이다. 버리는 것이 아깝다면 필요한 사람에게 나누어 주거나 중고 매장에 팔 방법을 찾아보자. 물건을 버리는 것에 대한 죄책감이 덜할 것이다.

아니면 마음을 가볍게 갖는 것도 방법이 될 수 있다. '일단 버리고 필요하면 다시 사자'는 마음을 가지면 된다.

'뭐? 그거야말로 낭비 아니야?'

이렇게 생각하는 사람도 있겠지만 꼭 그렇지 않다. 한번 버려 본 경험을 통해 '이 물건은 꼭 필요하다'라는 기준이 확실해지므로 이후에는 그 물건을 정말 소중히 다루게 된다. 또 어떤 물건에 대해서는 예상과 달리 없어도 아무 문제가 없다는 사실을 깨닫게 될 것이다. 이 방법을 제안했을 때 당황하는 사람이 적지 않지만 일단 실행하고 나면 "왜 더 빨리 이 방법을 쓰지 않았을까요?"라고 말하는 사람들이 다수였다. 버리고 보니 필요한 물건이었다면 다시 사면 된다. 그러니 일단은 주저하지 말고 버리려고 노력해 보자. 필요한 것만 딱 갖춰진 공간에서 평온한 일상을 맞이하게 될 것이다.

다만 이 과정에서 '얼마나 더 버릴지'에 집착하는 실수를 저지르기 쉬운데 우리의 목표는 필요한 물건만 남기자는 것이지 무소유의 삶을 살자는 것이 아님을 잊지 말자. 물건을 구입하는 데서 오는 기쁨을 포기할 필요는 없다.

가장 효과적인 정리법, 이사

생활을 더 큰 틀에서 정비하고 싶다면 이사도 좋은 방법이 될 수 있다. 물론 '이사 거지(힛코시빈보)'라는 말이 생길 정도로 이사하는 데 부동산 중개 수수료, 이사 비용 등 많은 돈이 필요한 것은 사실이다. 하지만 생활 공간을 옮기는 이사야말로 물건에 대한 생각이나 지금 갖고 있는 살림살이에 대한 감정을 완전히 바꾸고 생활 전체를 새로 시작할 수 있는 기회다.

공간이 달라지면 그 안을 채우는 내용물도 달라지기 마련이다. 실제로 이사를 자주 다닌 사람과 한곳에서 오래 산 사람은 집 안 물건에서 차이를 보인다. 이사를 자주 다닌 사람은 정리할 물건이 그리 많지 않은 반면에 한곳에서 오래 산 사람은 정리하는 과정에서 있는지도 몰랐던 물건을 엄청나게 발견한다. 초등학생 때 썼던 일기나 제대로 들여다 본 적도 없는 대학교 졸업 앨범, 몇 년째 한 번도 입지 않은 외투 같은 물건들이 쏟아져 나온다. 어딘가에 처박아 두고 존재를 잊어버려서 계속 함께 살았던 것이다. 이사를 하게 되면 짐을 싸는 과정에서 자신이 가지고 있는 물건들을 파악할 수 있고 옮겨가는 집의 크기나 성격에 따라 버려야 할 물건들을 계속 생각하기 때문에 효과적인 정리 환경이다.

이 방법을 통해 돈이 모이는 생활로 변신에 성공한 한 고객은 "옛날에는 이사가 귀찮고 피곤한 일이었는데 생활을 정리한다는 마음을 가지니 몇 번이든 인생을 다시 시작하는 기분이다."라고 말했다. 이사를 긍정적이면서도 즐거운 일로 받아들이고 하루하루 활기차게 생활하는 모습에 깊은 인상을 받았다. 물론 이사한 후에 원래대로 돌아가는 사람이 없는 것은 아니지만 생활을 과감

하게 다시 시작하고 싶은 사람이라면 추천할 만한 방법이다.

내 집 마련에 휘둘리지 않는다

그런 의미에서 내 집 마련은 용기가 필요한 일이다. 한번 집을 사면 자주 이사 다니기가 어렵고, 무엇보다 값이 비싸서 '일생일대의 쇼핑'이라고 부를 수도 있다.

"내 집을 마련하는 게 나을까요, 아니면 계속 세를 사는 게 나을까요?"

사람들이 내게 자주 하는 질문이다. 잡지에서도 종종 특집으로 다루는 주제 중 하나다. 이 질문에 내가 할 수 있는 대답은 정답은 없고 상황에 따라 다르다는 것이다. 하지만 기본적으로 집을 사야 할 뚜렷한 이유가 없다면 임대가 유리하다고 보는 편이다.

어느 쪽이 이득인가를 따지거나 우열을 가릴 필요는 없다. 이런 가치관은 이제 진부할 따름이다. 부동산이 투자의 대상인 것은 맞지만 내가 생활할 집은 투자 목적이 아니라 자신의 가치관과 스타일에 맞춰 탄력 있게 결정해야 한다. 집을 사지 않아도 계약금 정도만 마련해 두면 나중에 얼마든지 살 수 있다. 지금 생활 공간을 결정하기는 너무 이르다는 생각이 든다면 집세가 조금 아깝더라도 주택을 구입하는 것을 서두를 필요는 없다. 주변 분위

집에 변화가 필요할 때

이사를 한다.
대청소를 한다.
물건의 수를 제한하고 필요한 물건만 남긴다.(⋯)

강제적으로라도 살림살이를 정리하는 상황을 만들어
생활을 정돈한다. 이 과정을 마친 뒤 공간에 대한
자신만의 가치관과 기준을 만든다.

 내 집 마련을 검토 중인 주부 B의 경우

단독 주택을 사고 싶다.

VS

**자녀를 더 낳을 계획이라
방 배치나 대출금 상환이 걱정된다.**

**생활 환경이 안정될 때까지
내 집 마련을 미루고 때를 기다린다.**

기에 휘둘리지 말고 현명하게 생각하자.

가장 중요한 것은 집은 휴식을 취하는 공간이라는 것이다. 집을 사든 세를 들든, 집의 평수가 크든 작든 주거 공간의 물리적인 성격에 좌우되기보다 어떤 집에 살든 자신에게 가장 편안한 상태를 유지하는 것에 집중하자.

지치고 힘든 상황에서는 돈이고 뭐고 다 귀찮고 자기 연민에 빠지기 쉽다. 내가 돈을 버는 습관에 대해 말하면서 휴식과 평온을 강조하는 것도 이를 방지하기 위해서다. 오늘부터 즐거운 나의 집을 가꿔보자. 90일 동안 프로그램을 지속할 수 있는 힘뿐만 아니라 평생 돈 버는 습관을 유지할 수 있는 에너지를 얻을 것이다.

교통비 :
자동차를 사는 게 더 이득인 사람도 있다

사회생활을 시작하면서 가장 많이 듣는 이야기 중 하나가 돈을 모으려면 차를 사지 말라는 말이다. 자동차 구입 할부금은 물론이고 주유비, 보험비 및 기타 유지비가 많이 들어가기 때문이다. 그러나 나는 개인적으로 이 말이 누구에게나 적용되는 진리는 아니라고 생각한다. 90일 프로그램의 핵심은 필요와 불필요를 구분하는 일이다. 생활 방식에 따라 자동차가 필요한 사람도 있고 불필요한 사람도 있는 것이 당연하다.

교통이 불편한 지역에 산다면 절약도 절약이지만 대중교통을 이용하는 것이 시간을 낭비하고 스트레스받는 일이다. 그렇기 때문에 시간, 체력, 돈 등 전반적인 것들을 고려했을 때 자동차를 사는 것이 더 이득인 경우도 있다. 다른 사람의 말을 절대적으로 믿고 따르는 대신에 자신의 상황에 잘 맞는 최선의 선택을 하는 것이 중요하다.

살인적인 자동차 유지비에도 불구하고
도쿄에서 차로 출퇴근하는 이유

나 역시도 이런 고민을 했던 경험이 있다. 홋카이도 삿포로에서 살 때는 집에서 버스나 지하철을 이용해 출퇴근하는 것이 상당히 비효율적이었다. 자동차로 15분이면 도착하는 회사를 대중교통을 이용하면 중간에 갈아타야 하고 시간도 한 시간 이상 걸렸다. 대중교통을 이용하면 돈을 절약할 수 있었지만 시간이 지날수록 몸이 상하고 길에서 버리는 시간도 너무 많아져서 차를 가지고 출퇴근을 했었다.

이런 생활에 익숙해져 있다 보니 도쿄로 이사한 초기에도 차를 가지고 출퇴근을 했다. 그런데 홋카이도에 비해 도쿄의 주차장 비용은 엄청나게 비쌌고 대신에 대중교통이 아주 편리해서 차 없이 이동하는 데도 불편하지 않았다. 이 때문에 도쿄로 이사를 했으니 이제 차를 팔아야 하나 하는 고민이 들었다.

어떻게 하는 게 좋을지 판단하기 위해서 한 달 동안 차를 집에 두고 출퇴근하기로 했다. 한 달이 지나 교통비를 정리해 보니 예상 밖의 결과가 나왔다. 나는 늦은 시간까지 일하는 경우가 많았는데 이때는 보통 막차를 놓쳐서 택시를 타고 귀가했다. 택시비를 계산해 보니 집까지 편도로 25,000원 남짓이었다. 그리고 거의 매일 야근을 하는 터라 그 돈만 계산해도 한 달에 50만 원 가까이 들었다. 물론 야근을 안 하는 것이 가장 좋은 방법이지만 업무 특성상 아무리 열심히 해도 밤 11시 정도에나 끝나는 날이 허다했다.

내 생활에는 도쿄에서도 차를 가지고 출퇴근하는 것이 더 이득이라는 결론을 내렸다. 결국 지금은 회사 근처에 주차장을 빌려 자동차로 출퇴근하고 있다. '도쿄에 살면 대중교통을 이용하는 게 당연하다'는 선입견에 사로잡히지 않고 나에게 가장 잘 맞는 방식을 선택한 것이다.

내 사례가 좀 특이할 수도 있지만 어쨌든 내가 말하고 싶은 것은 '나에게 이동이란 무엇인가'를 곰곰이 따져 봐야 한다는 뜻이다. 도쿄에서 차를 가지고 출퇴근한다는 말만 들으면 '지나치다, 사치다'라고 여길 수도 있지만, 나에게는 꼭 필요한 '투자'이지 결코 '낭비'가 아니다. 여러분도 지금 자신의 상황에서 교통비를 어떻게 바라볼 것인지 정리해 보자.

당신의 한 달 교통비는 얼마인가?

요즘에는 한 달 교통비가 얼마인지 물어도 잘 모른다고 대답하는 사람이 늘었다. 의외라고 생각할지도 모르지만 대부분 출퇴근에 사용하는 정기권 금액밖에 대답하지 못한다.

교통카드 사용이 대중화되었고, 잔액이 부족하면 자동으로 충전되는 기능도 있어 가늠하기 어려운 것이 사실이다. 게다가 교통카드로 일반 상품 구매까지 가능해져서 교통비에 물건 구입비가 숨어드는 경우도 있다. 교통카드는 잔돈이 필요 없고 결제도 간단해서 굉장히 편리하지만 자판기나 편의점에서 무심코 되는 대로 결제했다가 낭패를 볼 수 있다.

교통비 지불 수단이 다양해진 것도 이유가 될 수 있다. 대부분의 사람들은 교통비를 목적으로 ① 정기권+교통카드, ② 현금+교통카드, ③ 두 장 이상의 교통카드 등 다양한 조합을 사용한다. 그리고 상황에 따라 현금이나 신용카드로 지불하는 경우도 있다. 비가 와서 택시를 타거나 휴일에 놀러 갔다가 유료 주차장을 이용하는 경우가 그렇다. 이곳저곳에서 교통비가 빠져나가다 보니 한 달 사용액을 파악하기가 쉽지가 않다.

그러니 이번 달에는 순수하게 교통비에만 지출하는 돈이 얼마나 되는지 확인해 보고, 만약 낭비라고 생각하는 부분이 있다면 조금이라도 줄일 수 있는 방법을 검토해 보자.

대중교통을 이용하는 싱글남 A의 경우

출퇴근 시간을 줄이려고 도심에 산다.

주로 전철이나 버스를 이용
: 한 달 교통비 약 50,000원

늦잠을 자거나 야근을 할 경우 택시를 이용
: 집에서 회사까지 택시 요금 15,000원
월 4회 정도 이용해서 한 달 택시비 60,000원

합계 : 110,000원

**한 달 교통비로 100,000원 이상 쓰고 싶지 않으므로
택시 사용을 3회로 줄이자!**

교통비와 집값 사이의 균형

교통비를 고려할 때 빼놓을 수 없는 것이 바로 주거비다. 대부분 교통비와 주거비의 관계는 둘 중 하나다.

❶ 교외라서 집값은 싸지만 교통비는 많이 든다.
❷ 도심이라서 집값은 비싸지만 교통비가 적게 든다.

우리가 살면서 요술 아닌 요술을 부려야 하는 지점도 바로 이 때다. '교통비와 주거비가 적절히 균형을 이루는 곳'을 찾아야 하기 때문이다. 무엇 하나 쉽게 포기하기 어려울 것이다. 이때 '시간'이라는 축을 새로 추가하면 결정에 조금이나마 도움이 된다.

'이 집은 교통비가 좀 들긴 하겠지만 주거비 부담이 많이 줄어. 하지만 시간을 많이 빼앗기는 게 마음에 걸리는데……'

이런 생각이 든다면 주거비 예산을 조금 높여서라도 시간을 절약하는 것이 바람직하다.

우리 가족은 아이가 여섯 명인데다가 강아지도 두 마리나 키워서 삿포로에서는 단독 주택에 살았다. 도쿄로 이사할 때도 가족 구성원이 많고 이동 시간을 줄이고 싶어서 집값이 비싸더라도 회사 근처의 단독 주택을 구하려고 했다. 하지만 생각보다 회사 근처의 집값이 너무 비싸서 우리 예산으로는 큰 집을 구할 수가 없었다. 어쩔 수 없이 회사에서 멀리 떨어진 곳에 집을 얻었는데 원래 계획과 달리 주거비와 교통비가 균형을 이루지 못해 다시 이사하는 수고를 더했다. 여러분은 나와 같은 실수를 하지 않기를 바란다.

내 고객 중에도 교통비와 주거비의 균형을 충분히 따져 본 끝에 실제로 이사를 결정한 사람이 적지 않다. 그러므로 이번 달에는 여러 각도에서 지금의 생활을 찬찬히 검토하고 자신에게 맞는 교통비 예산을 세워 보도록 하자.

둘째 달을 마치고

 싱글남 A

● '마음', '몸', '자기 투자', '인간관계'
스트레스를 글로 적는 연습을 하고, 건강을 생각해 마라톤을 시작했다.
그 결과 술자리가 눈에 띄게 줄었다.

→ 한 달 동안 100,000원 절감

● '식비', '교통비'
교통카드의 자동 충전 서비스를 해지해서 식비와 교통비를 따로 파악할
수 있도록 했다. 술자리를 줄였더니 자연스럽게 택시를 타는 일도 적어
졌다. → 한 달 동안 80,000원 절감

● '고정 생활비'
전기와 가스를 지난달보다 10퍼센트 덜 쓰는 것을 목표로 잡고 소소하게
나마 절약을 실천했다. → 한 달 동안 10,000원 절감

둘째 달을 마치고

 주부 B

- **'마음', '몸', '자기 투자', '인간관계'**

아이 유치원 엄마들 중 미국인 엄마와 친해져서 영어 공부를 시작했다. 아이들 교육에도 관심이 생기면서 허투루 쓰던 낭비가 눈에 띄게 줄었다. → **한 달 동안 100,000원 절감**

- **'식비'**

냉장고 내용물을 파악하는 습관을 들였다. 있는 재료를 또 사지 않도록 주의하는 것은 물론이고 식재료가 상하기 전에 먹기, 너무 많이 사지 않기 등 기본적인 부분에 신경을 썼더니 식비가 20퍼센트나 줄어들었다. → **한 달 동안 100,000원 절감**

- **'고정 생활비'**

가족이 다 같이 모여 수도와 전기를 20퍼센트 덜 쓰기로 약속했다. 아이들도 의외로 게임을 하듯 즐겁게 절약에 참여했다. → **한 달 동안 30,000원 절감**

PART
3

세 번째 달

돈 버는 습관 완성

돈에 대한 자신만의 규칙을 만든다

쉽게 유지하는 자신만의 돈 규칙

첫 번째 달에는 물건을 대하는 자세를 다루고, 두 번째 달에는 일상을 정돈하는 방법에 대해 이야기했다. 돈 버는 습관에 대해 알려 준다면서 숫자는 거의 다루지 않은 셈이다. 그러나 여러분이 두 달 동안 성실하게 책의 내용을 실천했다면 지금 굉장히 만족하고 있을 거라 자신한다. 물건과 일상을 정리하는 것만으로도 통장 잔고가 달라졌을 테니 말이다.

수학 공부를 생각해 보자. 사칙 연산은 쉽고 단순한 계산법이지만 이를 대수롭지 않게 여겨 제대로 배우지 않고 건너뛰면 지수와 로그, 함수를 아무리 공부해 봤자 답을 구할 수가 없다. 물건, 일상, 돈의 관계도 이와 다르지 않다.

우리가 여태까지 해 온 일이 바로 사칙 연산을 제대로 배우는 일과 같다. 생활을 제대로 정돈한 다음에 돈을 관리하기 시작해야 더 큰돈을 다루는 능력을 키울 수 있다. 지금까지 잘 따라왔다면 이미 준비는 끝난 것과 다름없다. 정돈된 생활을 할 뿐인데 저절로 돈이 모이는 이상적인 삶까지 한 걸음 남았다.

가장 중요한 것은 '꾸준함'

90일 프로그램의 마지막 달인 이번 달에는 돈에 관해 알아 두어야 할 최소한의 내용을 다루려고 한다. 이 책의 다른 부분도 그랬듯 이번 장에도 쉬운 표현으로만 설명할 예정이다. 어려운 말들이 나올까 봐 잔뜩 긴장할 필요가 없다는 이야기다. 걱정할 필요 없이 이번 달의 목표는 쉽게 유지할 수 있는 자신만의 돈 규칙을 만드는 것으로 설정하자.

일단 가장 먼저 해야 할 일은 씀씀이를 기록하는 일이다. 여태까지 당신이 알던 가계부나 용돈기입장 작성 방식은 모두 잊어라. 다음 세 가지만 기억하면 된다.

❶ 간단하게 시작한다.
❷ 자기만의 규칙대로 적는다.
❸ 꾸준히 지속한다.

물론 노트나 스마트폰 애플리케이션, 엑셀 등을 활용하여 가계부를 완벽하게 작성할 수 있다면 그렇게 하는 것이 좋다. 나도 재무 컨설턴트로서 "세세하게 관리하는 것이 가장 좋습니다."라는 원론적인 이야기를 늘어놓을 수 있다. 하지만 대다수의 사람들은 그렇게까지 정성을 들이지 못한다. 연초에는 의욕이 넘쳐서 가계부를 구입하지만 연말에는 가계부를 샀던 것도 잊어버리는 일이 흔하다.

상담을 하면서 느낀 것은 돈을 모으고 싶은 마음은 진심이지만 그 진심은 별로 힘이 없다는 것이다. 많은 사람들이 작은 유혹에도 쉽게 넘어가 돈을 관리하는 일을 포기해 버렸다.

삶에는 여러 즐거움이 있으니 이해할 만한 부분이다. 돈 모으기에 혈안이 되어 있는 소수의 경우를 제외하고 가족 또는 친구들과 여가를 즐기거나 취미 활동을 하는 일에 손을 놓기가 힘들다. 나 역시 그런 부분을 소중하게 여기기 때문에 유혹에 넘어가는 사람들을 탓하지 않는다. 그들을 이해하기 때문에 소중한 시간을 유지하면서도 쉽게 유지할 수 있는 돈 관리법이 필요하다고 말하는 것뿐이다.

처음부터 완벽할 필요는 없다. 위에서 말한 세 가지를 머릿속에 각인시킨 후 이제부터 소개하는 방법들을 꼼꼼히 읽어 보자. 읽으면서 자신에게 잘 맞을 것 같다는 생각이 든다면 부담 없이 실천해 보기를 바란다. 아주 간단한 일이지만 그것만으로도 행동하는 사람과 그렇지 않은 사람 사이에 커다란 차이가 생긴다.

돈 버는 습관 12 | 이것저것 다 귀찮다면 금액만 기록하라

첫 번째로 소개할 방법은 가장 쉬운 관리법이다. 바로 얼마를 썼는지 금액만 기록하는 방법이다.

보통 가계부를 쓸 때 '식비 5,300원' 또는 '편의점 도시락 5,300원'이라고 기록하는데 이 관리법에서는 '5,300원'이라고만 적으면 된다. 아이들이 사용하는 용돈기입장보다 간단하다. 용돈기입장에도 돈을 쓴 내역을 기록하니까 말이다.

사람들이 가계부 쓰는 것을 포기한 이유 중에는 지출 내역을 까먹거나, 가계부에 적을 만큼 큰돈을 쓰지 않았기 때문이라는 사소한 이유가 많다. 금액만 기록하면 이런 부담을 내려놓을 수 있다.

공책을 따로 마련할 필요도 없이 가벼운 마음으로 쓴 금액만 쭉 적어 보자. 평소에 쓰는 다이어리나 늘 갖고 다니는 수첩의 한

모퉁이로도 충분하다. 휴대폰 소액 결제나 신용카드로 물건을 샀을 때도 똑같은 방식으로 기록한다.

이 방법의 목적은 한 달에 돈을 얼마나 쓰는지 확인하여 대략적인 생활비를 파악하는 것이다. 더불어 숫자를 기록하는 습관을 들이는 것도 목표로 한다.

기본적으로 지출하는 돈만 기록하기 때문에 수입과 지출 전체를 파악하기는 어렵다. 하지만 내가 쓰는 돈의 흐름을 아는 것이 얼마나 마음 놓이는 일이고 알고 보면 꽤 즐거운 일임을 깨닫게 된다면 그것으로 목적은 달성했다.

이 방법이 익숙해지면 시키지 않아도 좀 더 자세하게 기록하고 싶은 마음이 들 것이다.

5,300원

↓

점심 5,300원

↓

생선구이 정식 5,300원. 예상보다 저렴하게 해결했다.

위의 내용은 이 방법을 실천하던 한 고객이 실제로 기록한 내역이다. 이런 식으로 내용이 발전하는 경우도 드물지 않다. 의욕

사용한 '금액'만 기록한다.

● 6월 사용 금액

1일   4,000원   7,300원   1,200원

2일   35,000원   2,100원

3일   8,400원   12,500원   3,200원

4일   4,800원   62,000원

(⋯)

합계 1,421,000원

이 앞서 처음부터 모든 것을 기록하려 하지 말고 일단 숫자를 적는 것부터 연습하자. 익숙해진 다음에 각자 편한 방식으로 내용과 형식을 발전해 나가면 된다.

돈 버는 습관 13

당장 효과가 나타나는 지출 내역 관리법

두 번째는 '신경 쓰이는 항목'만 골라서 기록하는 방법이다.

앞에서 소개한 방법대로 금액만 기록하다 보면 굳이 내역을 적지 않아도 다음과 같은 생각을 하게 된다.

'캔 커피를 꽤 자주 사 먹는구나.'
'이번 달에는 약국에 여러 번 갔네.'
'매주 옷을 샀잖아?'

이렇게 마음에 걸리는 부분이나 조심할 필요가 있는 부분이 눈에 띌 것이다. 두 번째 방법에서는 지출을 줄이고 싶은 바로 이 항목만을 골라 기록하면 된다. 너무 간단해서 고개를 갸우뚱할지도 모르지만 여태까지 경험에 비추어 보았을 때 가장 즉각적인 효과가 나타나는 방법이다.

"평소 돈을 헤프게 쓰는 항목이 무엇인가요?" 하고 물어보면 생각보다 많은 사람들이 쉽게 두세 개쯤은 대답한다. 한 젊은 남성은 "술값이랑 옷으로 많이 쓰고 만화책도 자주 사요."라고 대답했고, 가정주부인 한 여성은 "생필품을 구입하는 것과 자녀 교육비가 아닐까 싶네요."라고 답했다.

여러분도 분명 떠오르는 게 있을 터이다. 바로 그 항목만 기록해 가면 된다.

위에서 말한 젊은 남성의 경우라면 의료비나 식비 등은 전혀 신경 쓰지 않아도 되고 기록할 필요도 없다. 교제비와 의류비, 만화책 구입비만 기록하면 된다. 꾸준히 기록하다 보면 생각보다 훨씬 더 많이 쓰고 있다는 것을 깨닫게 되고 자연스럽게 그 항목에 대한 지출을 줄이려고 노력한다. 시간이 지나면서 다른 항목에도 눈길이 가고 간단한 방법으로 낭비를 멈출 수 있게 된다.

다수의 사람들이 두 번째로 관심을 보이는 부분은 바로 고정 지출이다. 매달 한 번씩 내는 보험료나 통신비, 주거비 등에 시선이 쏠렸다가 이 부분도 해결이 되면 그다음에는 다른 변동 지출로 옮겨 간다.

재무 상담을 하다 보면 이런 말을 자주 듣는다.

'신경 쓰이는 항목'만 기록한다.

● 6월 '음료'에 지출한 내역

1일 1,500원 (자동판매기)

2일 5,100원 (카페)

3일 6,000원 (마트에서 여러 개 구입)

4일 3,200원 (카페)

(…)

합계 84,000원

"나름대로 최선을 다하고 있거든요⋯⋯."

"특별히 사치도 안 하고 낭비도 안 하는 것 같은데⋯⋯."

이런 사람들은 '숫자'를 전혀 사용하지 않는다는 공통점이 있다. 최선을 다한 결과가 얼마인지, 낭비라고 생각하는 금액은 얼마부터인지 등을 물어보면 대답하지 못한다. 두루뭉술한 감각에 의존해서 말하기 때문이다.

금액만 기록하는 방법과 신경 쓰이는 항목만 기록하는 방법은 번거롭지 않으면서 효과가 좋은 방법이다. 이번 기회에 이 방법들을 통해 숫자와 친해지도록 하자. 여러분도 잘 알겠지만, 어떤 사람이든 가계부를 잘 활용하기만 하면 자신의 약한 마음을 잘 다스리면서 스스로를 객관적으로 볼 수 있다. 그 점을 잊지 말고 쓴 돈을 꾸준히 기록해 가자. 내가 여러분에게 요구하는 것은 단 한 가지다. 무리하지 않고 시작하는 것. 이것이 전부라 해도 과언이 아니다.

**비용을
소비·낭비·투자로 구분한다**

앞의 두 가지 방법보다 조금 더 자세하게 지출 내용을 이해하고 싶다면 마지막 방법을 추천한다. 마지막 세 번째 방법은 쓴 돈을 사용 목적에 따라 구분하는 것이다.

나는 재무 컨설턴트 활동 초기부터 '얼마나' 썼는지보다 '무엇에' 썼는지가 더 중요하다고 얘기해왔다. 그래서 지출 금액보다 지출 성격에 더 중점을 두었다. 지출 성격은 크게 세 가지로 구분할 수 있다. 바로 소비, 낭비, 투자이다. 나는 이들을 통틀어 주로 '가계 삼분법'이나 '세 가지 잣대'라고 부른다.

❶ 소비

필요한 물건을 구입하거나 생활을 영위하는 데 들어가는 각종 사용료를 지불하는 돈을 가리킨다. 생산성은 거의 없다.

식비, 주거비, 공과금, 교통비, 생활필수품 구입비 등이 있다.

❷ 낭비

말 그대로 헛되이 쓴 돈이다. 생활에 필요하지 않은 물건을 구입하거나 순간적인 희열을 위해 사용한 돈이 여기에 속한다. 생산성이 없는 지출이다.

정도가 지나친 쇼핑, 도박, 과도한 기호품(담배, 술, 커피 등) 구입비 등이 있다.

❸ 투자

생활에 꼭 필요하지는 않지만 미래의 자신에게는 생산성이 있는 지출이다. 주식이나 투자신탁 같은 금융 상품에 투자한 돈뿐 아니라, 무언가를 배우는 데 쓰는 비용 등도 여기에 포함된다. 생산성을 내포한다는 점에서 소비와 다르다.

저축, 학원비, 도서 구입비 등이 있다.

이제 지출을 세 가지 잣대에 따라 분류해 보자. 금액이나 항목에 흔들리지 않도록 조심해야 한다. 다른 것들은 완전히 무시하고 오직 지출 성격으로만 판단하는 것이 중요하다.

기록할 필요도 없이 상자 세 개면 충분하다

다른 방법들처럼 하나하나 기록하면서 분류하지 않아도 된다. 쉽고 빠르게 하는 법이 따로 있다. 먼저 상자 세 개를 준비하자. 문구점이나 생활용품점에서 쉽게 구할 수 있는 네모 상자면 적당하다. 준비되면 각각의 상자에 '소비', '낭비', '투자'라고 이름을 붙인다. 이 상자에 영수증을 넣으면 끝이다.

물건을 구입해도 따로 기록하지 않고 단순히 사용 용도로만 판단한다. 스스로 생각했을 때 이 지출은 소비인지, 낭비인지, 아니면 투자인지 곰곰이 따져 본 후에 해당하는 상자에 영수증을 넣어 두기만 하면 된다. 계좌 이체를 하거나 현금을 사용해서 영수증이 없는 경우에는 작은 쪽지에 금액과 내역을 간단히 써서 영수증을 대신한다.

한 달만 지속해 보자. 기간은 월급날에 시작해서 다음 월급이 들어오기 전날까지로 정하면 편하다. 한 달이 지나면 상자별로 합계를 낸다. 영수증을 꺼내 단순히 금액을 더하기만 하면 된다. 한 달 동안 쓴 돈이 객관적으로 보일 것이다.

예를 들어 수입이 300만 원인데 집계해 보니 소비가 255만 원, 낭비가 36만 원, 투자가 9만 원이라는 결과가 나왔다고 가정해 보자. 수입에서 차지하는 비율은 순서대로 85퍼센트, 12퍼센트,

3퍼센트다(계산식 : 2,550,000 ÷ 3,000,000 × 100 = 85%). 이 사람은 한 달 수입의 97퍼센트를 필요한 소비와 무의미한 낭비에 쓰고 있다. 이대로라면 앞으로 저축이나 자기 계발은 거의 불가능할 것이다.

이 방법을 실천하면 자신의 씀씀이가 어떤 성격을 띠고 있는지 한눈에 알 수 있다. 평소에 내 돈이 다 어디로 가는지 모르겠다고 생각해 왔다면 굉장히 효과적인 방법이다.

돈 쓰는 방식을 바꿔야겠다는 깨달음을 얻을 수 있기 때문에 허점이 많은 소비 습관을 가진 사람들에게 특히 추천한다. 가계부를 쓰는 데 어려움을 느끼지 않았던 사람도 세 가지 잣대로 내역을 구분해 보면 훨씬 더 큰 효과를 볼 수 있으니 한번 시도해 보기를 바란다.

상자 안의 영수증을 다 더했는데도 100퍼센트가 나오지 않는 다면 빠트린 영수증이 있거나 계좌 이체한 돈을 깜빡했거나 남아서 저금한 돈을 더하지 않아서 생긴 문제다. 다음 달에는 같은 실수를 반복하지 않도록 주의하자.

진짜 문제는 합계액이 월수입의 100퍼센트가 넘는 경우이다. 어떻게 100퍼센트를 넘을 수 있을까? 저축을 갉아먹으면 가능하다. 한마디로 마이너스 가계라는 이야기다. 월수입보다 많은 돈을 쓰고 있다는 뜻이므로 신용카드 할부나 마이너스 통장, 만기

　　　　　　　　　　　　90일 완성 돈 버는 평생 습관

월수입이 300만 원인 사람의 경우

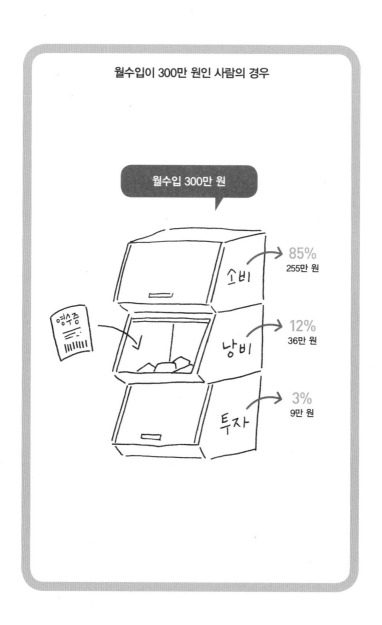

가 다 된 적금을 함부로 사용하지 말아야 한다. 지금은 어떻게든 생활을 유지하고 있지만 빨리 고치지 않으면 정말 심각한 상황에 봉착할 것이다. 월수입 이상 쓰지 않도록 낭비 상자에서 나온 소비 항목을 줄여 나가자.

여태까지 숫자로 자신의 생활을 파악하는 세 가지 방법을 소개했다. 이 가운데 당신에게 가장 잘 맞는 방법을 골라 바로 실천하기를 바란다. 이것만으로는 부족할 것 같아서 또다시 복잡하고 손이 많이 가는 가계부 작성법을 따르는 우를 범하지 않기를 바란다. 이 정도의 간단한 방법만으로도 충분히 효과를 볼 수 있다. 욕심 부리지 말고 꾸준히 계속하는 것만을 일차 목표로 삼자.

세세하게 관리하는 것은 오히려 역효과다

앞에서 소개한 '세 가지 잣대'에 대해 조금 더 자세히 살펴보려 한다. 소비에 대해서는 1장과 2장에서 충분히 다루었으니 이번에는 낭비와 투자에 대해 중점적으로 다루는 것이 좋겠다.

낭비 : 무조건 뿌리 뽑아야 하는가?

우선 낭비에 대해 생각해 보자. 처음부터 낭비라는 것을 분명하게 알고 있었던 지출이라면 가타부타 말할 것 없이 그만두어야 한다. 하지만 애초에 '어디 한번 낭비 좀 해 볼까?' 하는 생각으로 돈을 쓰는 경우는 거의 없지 않은가. 낭비하고 있다는 사실 자체를 모르는 경우가 의외로 많다. 그래서 낭비를 줄이기가 쉽지 않은 것이다.

그러므로 '내 지출에서 낭비의 싹을 잘라 주겠어!'와 같은 결연한 의지보다 어느 정도 여유를 가지고 낭비를 균형 있게 조절하겠다는 생각이 더 도움이 된다. 수입의 5퍼센트 이상을 넘지 않겠다는 식으로 비율이나 범위를 제한해 두는 것도 좋은 방법이다. 수입이 200만 원 이라면 한 달에 10만 원이고, 300만 원이라면 15만 원이다. 이렇게 계산해 보면 예상보다 꽤 큰 금액이라는 생각이 들지 않는가? 충분히 해 볼 만한 일이라는 자신감이 생길 것이다.

낭비라고 볼 수도 있지만 여러모로 고민한 끝에 돈을 쓰기로 결정한 내역이 있다면 더 이상 문제 삼지 말아야 한다. 약간의 빈틈이 생기더라도 생활에 융통성이 있어야 쉽게 지치지 않고 꾸준히 돈을 관리할 수 있기 때문이다.

일단 스스로 허용할 수 있는 기준을 정하는 일에서 출발하자. 우리가 정한 기준에 의해 낭비가 숨어 있지 못하고 밖으로 드러나게 만들면 된다. 가장 무서운 것은 낭비라고 인식하지 못하는 낭비다. 일단 낭비라는 이름표를 붙였다면 조급해하지 말고 때를 기다리자.

투자 : 얼마나 저축하는 것이 좋은가

소비 · 낭비 · 투자 중에서 내가 가장 중요하게 여기는 것은 바로 투자다. 열심히 일해서 번 돈을 가치 있게 쓰겠다는 의식이 있는지 없는지에 따라 앞으로의 인생이 크게 달라지기 때문이다. 돈에 허덕이는 사람들이 미래에도 돈 때문에 고통받지 않으려면 미래의 자신을 위해 돈을 쓰는 습관을 꼭 익혀야 한다.

투자의 두 가지 종류, 공격형 투자와 수비형 투자 중에서 이번에는 수비형 투자인 저축에 대해 얘기해 보자.

저축은 돈 걱정 없는 삶과 떼려야 뗄 수 없는 사이다. 그래서 각자 처한 상황에 따라 다르기는 하지만 어떤 사람은 자기 투자보다 저축이 더 중요하다고 말하기도 한다.

수입의 몇 퍼센트를 저축해야 하는지는 나이나 가족 구성 등에 따라 차이가 있지만, 이제 막 저축을 시작한 사람에게는 보통 수입의 $\frac{1}{5}$ 을 목표로 하도록 조언한다. 돈을 벌기 시작한 햇수나 연봉에 관계없이 이제 막 저축을 시작했다면 여태까지 돈 관리가 전혀 되지 않았다고 봐도 무방하기 때문이다. $\frac{1}{5}$ 로 시작해서 차차 비율을 높여 가는 것이 좋다.

단 돈을 모으는 목적은 개인마다 다르고 이는 절대적인 수치가 아니므로 이상적인 기준 정도로만 생각하기 바란다. 낮은 임금에 높은 생활비, 늘어난 주거비를 감당하려면 $\frac{1}{5}$ 도 쉽지 않다. 수험생이 있어서 학원비 등 많은 교육비가 드는 가정에서는 $\frac{1}{6}$ 을 저축하는 것도 어려운 게 현실이다.

당장 저축액을 늘리려고 고군분투하는 대신 자기 수입의 $\frac{1}{5}$에 해당하는 금액은 얼마인지 그리고 지금 얼마를 저축할 수 있는지 이상과 현실부터 파악해 두자. 그다음 이상에 가까이 가려면 어떻게 해야 할지 생각해 보면 된다.

첫 번째 달과 두 번째 달에 물건과 생활을 잘 정리해 온 고객은 이 단계에 이르러 두 달 동안 되찾은 눈먼 돈을 저축에 쏟으면 된다. 그리고 전체적인 지출 내역에서 투자의 비율을 높이기 위해서 노력한다. 쓸데없는 낭비와 필요 이상의 소비가 억제되는 것은 자연스러운 일이다.

내가 지출 내역을 투자를 중심으로 전환하도록 조언한 고객 중에는 자기 투자와 저축에 집중할수록 의미 있게 보내는 시간이 늘어났고 그 결과 삶 자체가 대단히 충만해졌다고 말하는 사람도 있었다. 내가 투자를 중요하게 여기는 또 다른 이유다. 그러니 여러분도 투자의 비율을 늘려 나가길 바란다.

한 가지 강조하고 싶은 게 있다. 낭비든 투자든 스트레스받으며 하나하나 관리하지는 말아 달라. 그러다가 오히려 돈 관리에 회의감을 느껴 그만두는 역효과가 나기 십상이다. 과도한 에너지를 쏟아 내며 초반에만 바짝 실천하는 것은 아무것도 해결해 주

월간 저축 목표 설정

싱글남 A

주부 B

월수입 220만 원

평균 월수입 360만 원

× ×

$\dfrac{1}{5}$

1인 가구이지만
저축하겠다는 의욕이 강해서

$\dfrac{1}{6}$

자녀교육비가
많이 들어가서

＝ ＝

44만 원

60만 원

↓

'이상적인 금액'을 파악해 둔다!

지 못한다. 스스로를 재테크엔 구제불능인 사람으로 취급하며 아예 손을 놓아 버리지나 않으면 다행이다. 계속 강조했듯이 가장 중요한 것은 꾸준히 하는 것이다. 무리해서 세세하게 관리하려하지 마라. 에너지를 비축하자.

돈 버는 습관 15   마법의 세 주머니를 가져라

경제에 대해 잘 몰라도 세계 경제를 쥐락펴락하는 유대 민족에 대해 들어 보았을 것이다. 전 세계 인구의 0.2퍼센트밖에 안 되지만 세계 억만장자의 자리는 30퍼센트나 차지하고 있어서 부자가 되고 싶은 사람들의 연구 대상이다. 이들이 세계의 부를 지배할수 있었던 이유는 여러 가지가 있겠지만 그중에서도 돈을 한꺼번에 굴리지 않고 쪼개서 관리한다는 원칙에 주목할 필요가 있다.

약 2000년 전 유대 인들은 아무리 확실한 투자처가 있어도 그곳에 재산을 쏟아붓지 않고 $\frac{1}{3}$은 지갑에, $\frac{1}{3}$은 집에, $\frac{1}{3}$은 가게에 투자한다는 규칙을 따르며 살았다. 우리에게도 이러한 규칙이 필요하다. 나는 유대 인들의 $\frac{1}{3}$ 투자법을 투자의 관점이 아니라 돈이 모이는 짜임새의 관점에서 재해석해 '마법의 세 주머니'라는 개념을 만들어 냈다.

세 개의 주머니는 '생활', '예비', '투자'의 성격을 가진 통장 세 개를 말한다. 생활 주머니는 일상에 필요한 생활비를 넣어 두는 통장, 예비 주머니는 혹시 모를 상황을 대비해 비상금을 모아 둔 통장, 증식 주머니는 금융 상품에 투자하는 등 자산 증식을 위한 통장이다. 세 개의 주머니를 제대로 관리할 수 있게 되는 것이 90일 프로그램의 마지막 단계라고 볼 수 있다. 그럼 각각의 주머니에 대해 자세하게 알아보자.

돈에 허덕이지 않는 생활을 유지시켜 주는 세 주머니

❶ 생활 통장

'생활'은 한 달 동안 생활하는 데 필요한 주거비와 식비, 생필품비가 나가는 통장이다. 이 계좌에는 1.5개월 치의 월수입을 입금해 둔다. 예를 들어 월수입이 300만 원이라면 450만 원을 넣어 두는 것이다. 혹시라도 450만 원을 한 달 동안 전부 써도 좋다는 의미로 받아들이지 않기를 바란다. 기본적으로는 1개월 치로 저축도 하고 생활도 꾸려 가는 것이 전제 조건이다.

그렇다면 왜 1.5개월 치의 돈을 넣어 두어야 할까? 웬만한 일로 다음 주머니인 '예비' 통장에서 돈을 빼지 않도록 하기 위해서다. 매달 정확히 똑같은 돈을 쓰는 사람은 얼마 없다. 계절이 바뀌면

옷을 사게 되고, 경조사가 몰린 달에는 부조금도 적지 않게 나간다. 얼마쯤은 변동이 있기 마련이기 때문에 이 부분까지 고려하여 여유 자금으로 1.5개월 치의 수입을 생활 통장에 확보해 두는 것이 좋다.

이렇게 몇 달을 생활하다 보면 통장에 변화가 생길 것이다. 예를 들어 450만 원으로 시작했는데 두세 달쯤 지난 뒤 월급일에 통장을 보니 550만 원이 찍혀 있을 수도 있다. 이런 경우라면 그 100만 원을 다음 주머니인 예비 통장으로 옮겨야 한다. 만약 월급이 입금되었는데도 400만 원밖에 없다면 지난 몇 달 동안 50만 원의 마이너스가 쌓였다는 뜻이다. 이때는 450만 원으로 회복하는 것을 목표로 삼는다.

❷ 예비 통장

'예비' 통장에는 월수입의 6개월 치를 저축하는 것을 목표로 한다. 앞에서와 마찬가지로 수입이 300만 원인 경우를 예로 들면 1800만 원이 목표 금액이 된다.

이 통장은 '만일을 대비한 생활 자금' 역할이다. 목돈을 마련할 뚜렷한 목적이 있는 일을 위한 것이 아니다. 갑작스러운 사고와 같이 예상하지 못한 일로 많은 돈을 써야 할 때를 위한 것이다. 자녀 입학, 주택 구입, 여행, 이사, 결혼 등 계획된 행사를 위해서는 이 통장과 별도로 저축 통장을 만들어서 모아야 한다.

사람에 따라서 6개월 치로는 조금 불안하니 1년 치를 넣어 두고 싶다고 생각할 수도 있을 테고 6개월 치는 조금 무리이니 3개월 치로 충분하다고 생각할 수도 있다. 어느 쪽이든 생활에 맞게 준비하는 것이 가장 중요하지만 일단 시작은 6개월 치를 모으는 것으로 하자.

❸ 증식 통장

생활 통장과 예비 통장은 은행에서 개설해도 무난하지만 증식 통장은 증권 회사 계좌를 개설하는 것이 좋다. 요즘에는 온라인 증권 회사도 괜찮은 곳이 많으니 수수료를 고려한다면 추천한다.

운이 좋아서 갑자기 어느 날 벼락부자가 되는 일이 거의 없어지고, 개인이 스스로 자산 증식에 적극적으로 참여해야 하는 요즘 같은 시대에 증식 통장은 누구나 미리 갖춰 두어야 하는 가계 대비책 중 하나라고 생각한다. 하지만 증식이라는 단어에서 위험을 느끼는 사람도 있고 아직 자산 운용에 관심이 없고 자신이 없는 사람도 있을 수 있다. 그렇다면 일단 부담을 갖지 말고 통장만 만들어 놓도록 하자. 통장을 만듦으로써 자산 운용은 일부 부자만 하는 것이라는 편견을 부순다면 그것만으로도 의미 있다.

운용 방식에 따라 변동 폭이 커서 위험 부담이 높은 것도 있고,

생활, 예비, 증식 통장 관리법

생활 통장
월수입 X 1.5

↓

예비 통장
월수입 X 6

↓

증식 통장
생활 · 예비 통장 목표 초과액

비교적 위험 부담이 낮은 것도 있다. 증식 통장을 공격적으로 운용할지 아닐지는 사람에 따라 다르므로 이 통장은 미래를 위해 투자하는 돈이라고 여기자. 그래도 증식이라는 말에서 거부감을 느낀다면 '돈의 가치 하락을 방지하기 위한 통장' 정도로 생각하길 바란다.

잊지 말아야 할 것은 '생활 → 예비 → 증식'의 순서에 맞춰 단계적으로 통장을 채워 나가야 한다는 것이다. 생활 통장의 돈이 부족한데 증식 통장을 불리는 것은 금물이다. 순차적으로 돈이 고여야 신변에 문제가 생겨도 재무 상태가 흔들리지 않는다. 상담을 하면서 급하게 목돈이 필요해서 사채를 썼다가 높은 금리 탓에 가계가 휘청이는 사람을 여럿 만났다. 세 개의 주머니를 활용해 유동 자금을 확보하고 있었다면 일어나지 않았을 일이다. 여러분은 부디 이런 어려움을 겪지 않기를 바란다.

돈이 모이는 사람은 심플하게 산다

"돈을 잘 모으는 사람에게는 어떤 특징이 있나요?"

인터뷰에서 자주 듣는 질문이다. 사람마다 달라서 딱 잘라 한마디로 표현하기는 힘들지만 굳이 하나만 꼽자면 이런 특징이 있다.

`생활이 심플하다`

무슨 뜻인가 하면 한눈에 알기 쉽다는 말이다. 돈의 흐름도 알기 쉽고, 돈을 쓸 때의 사고방식도 단순하다. 심플하지만 분명한 규칙이 있는 생활을 한다

이해를 돕기 위해 사례를 준비했다.

우선은 심플한 생활을 꾸려 가는 맞벌이 부부의 사례부터 살펴보자. 두 사람은 각자 급여 통장이 따로 있는데, 매달 월급이 들어오면 하나의 생활 통장에 돈을 옮겨 넣는다. 그 통장에서 각종 비용이 자동 이체된다.

이 생활 통장에 일정한 금액이 모이면 그 돈은 예비 통장으로 옮긴다. 예비 통장에 6개월 치 수입만큼만 남겨 두고, 그 외의 금액은 증식 통장으로 이체해서 투자를 위해 사용한다.

현재의 수입과 지출을 바탕으로 가계를 꾸려 나가고, 매달 차곡차곡 쌓인 돈은 저축한다. 그리고 충동적으로 자금 운용에 많은 돈을 쏟아 넣지 않고 저금을 우선하여 일상을 대비한다. 돈의 흐름을 알기 어렵게 하는 신용카드나 휴대 전화 결제 사용이 늘지 않도록 늘 신경 쓴다. 또한 저축 목표는 기본적으로 자신과 가족에게 필요한 만큼의 금액으로 설정하고, 절대 욕심을 부리지 않는다. 그에 더해 고정적인 지출이든 비고정적인 지출이든 돈을 쓰는 데 자신만의 기준을 갖고 있다.

한편 돈을 모으지 못하는 사람은 생활이 대단히 복잡하다. 이 번에는 지출 흐름이 어지럽기 짝이 없는 부부의 사례를 살펴보자. 이런 가계는 부부가 각자 돈 관리를 따로 하거나, 항목에 따라 나눠서 한다.

각자 마음대로 돈을 쓰다 보니 저축이 얼마나 있는지, 매달 얼마나 저금하는지, 두 사람 다 명확히 알지 못한다. 물론 둘이 합쳐 얼마나 지출하는지도 모른다. 매달 수입과 지출을 파악하지는 않지만 보너스도 나오니 한 해를 통틀어 봤을 때 마이너스만 안 되면 괜찮다고 생각한다.

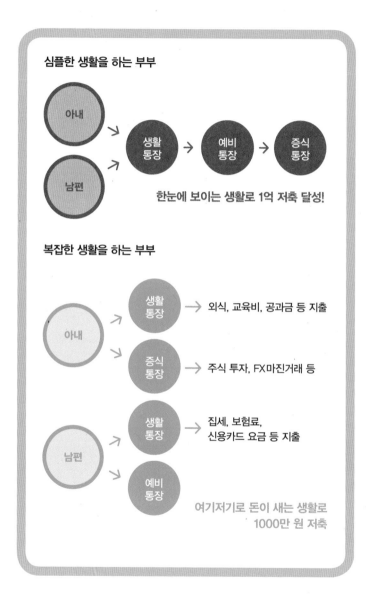

심플한 생활을 하는 부부

아내 ↘
남편 ↗ 생활 통장 → 예비 통장 → 증식 통장

한눈에 보이는 생활로 1억 저축 달성!

복잡한 생활을 하는 부부

아내 ↗ 생활 통장 → 외식, 교육비, 공과금 등 지출
↘ 증식 통장 → 주식 투자, FX마진거래 등

남편 ↗ 생활 통장 → 집세, 보험료, 신용카드 요금 등 지출
↘ 예비 통장

여기저기로 돈이 새는 생활로 1000만 원 저축

생활 통장, 예비 통장, 증식 통장이라는 구별도 없다. 목적을 알수 없는 통장이 몇 개씩이나 되고 각 통장에 얼마씩 들어 있는지도 잘 모른다.

소득이 적은 편이 아니라서 주택 자금 대출 심사도 문제없이 통과하고, 집은 전액 대출로 마련했다. 자동차도 당연히 할부다. 쇼핑할 때면 포인트를 받으려고 기본적으로 신용카드를 사용하며, 리볼빙 결제에도 거부감이 없다. 신용카드 결제 금액은 여러 개의 계좌 중에 돈이 남아 있는 곳에서 인출된다.

자금 운용 방식도 마찬가지다. 잡지를 보고 마음에 드는 두세 회사를 골라 기업이 주주에게 자사 제품이나 서비스 등을 제공하는 주주우대 혜택을 받기 위해 개별 주식을 사들이거나, 큰 수익을 올릴 수는 있으나 위험 부담이 상당히 높은 FX마진거래에 손을 대거나, 다른 사람들의 이야기만 듣고 금을 사기도 한다.

그렇게 투자한 상품은 손해가 막심해서 팔지도 못한 채 쥐고 있지만, 지금은 어떻게 되었는지조차 잘 모른다……. 이렇게 생활하다 보니 머릿속도 복잡하기 짝이 없다.

이 두 가계의 차이는 사소한 규칙이 있는지 없는지, 그리고 '심플하게 산다'는 의지가 있는지 없는지에 있다. 작은 차이가 큰 차이를 낳는다. 똑같은 수입이더라도 첫 번째 부부는 1억 원을 모으고, 두 번째 부부는 기껏해야 1000만 원 정도밖에 못 모으는 차이가 발생하는 이유다.

돈을 잘 모으는 사람의 특징은 심플하게 산다는 것이라고 말해도 과언이 아니다.

아무리 좋은 약도
삼키지 않으면 소용없다

마지막으로 여러분에게 강조하고 싶은 것은 '행동'의 중요성이다. 그렇다고 이 책에서 알려 준 방법을 전부 실행하려고 애를 쓸 필요는 없다. 열 개 중에 세 개 정도 본인이 할 수 있겠다 싶은 방법만 골라서 실천해 봐도 된다. 그렇게 행동함으로써 생기는 변화를 직접 느껴 보았으면 한다.

노트에 기록하기가 귀찮고 성가시더라도 조금만 지속하다 보면 눈에 보이는 부분이 생기면서 재미를 느끼게 될 터이다. 그것이 돈에 대한 안심으로 이어진다. 이런 과정을 거치면서 돈이 모이는 체질로 바뀌고 실제로 저절로 돈이 모이는 효과가 발휘된다.

가장 안 좋은 마음가짐은 "좋아, 제대로 한번 해 보자!" 하며 의욕으로 가득 차서 지나치게 욕심을 부리는 것이다. 이렇게 열의가 지나치면 과도한 스트레스를 받게 된다. 눈치챘겠지만 나는 스트레스받는 상황을 가장 경계한다. 약간의 스트레스는 약이 되지만 지나치게 참다 보면 그 반동으로 '이제 그만!', '더는 못하겠어!' 하고 포기하기 십상이다. 이렇게 되면 좌절만 경험할 뿐 아무런 의미도 없다.

내가 전하고 싶은 이야기는 완벽하게 해내자는 게 아니다. 자신을 변화시킬 계기를 찾아내어 출발 지점에 서자는 것이다.

생활이나 금전적인 면을 개선하고 싶어 하지만, 실천하지 못하는 사람 중에는 '아무리 노력해도 잘 안 된다', '어차피 나 같은 건……' 하는 부정적인 사고방식을 가진 경우가 많다. 그런 사람이 변화하려면 소소한 성공 경험을 쌓아 가는 것이 가장 효과적이다. 눈에 보이는 부분이 변해 가는 모습을 보면 자신감이 붙고, 자신감은 의욕으로 이어져 선순환 구조에 들어서게 된다. 이런 경험은 아주 큰 효과를 낸다.

이제 90일 프로그램은 모두 끝났다. 이 프로그램이 효과를 보려면 여러분이 직접 실천하는 수밖에 없다. 일단 시작하면 분명 효과를 얻을 것이다. 그러나 실천하지 않으면 아무리 좋은 프로그램도 여러분을 도울 수 없다. 부디 직접 주변의 물건과 생활을 돌아봄으로써 '돈을 모을 수 있다!'는 자신감을 얻기를 바란다.

셋째 달을 마치고

싱글남 A

원래는 가계부 애플리케이션을 이용해서 씀씀이를 기록했는데, 몇 가지씩 빼먹고 작성한 적이 많았고 작성한 후에는 제대로 살펴보지도 않았다. 그 점을 반성해 신경 쓰이는 항목인 '술'과 '옷'으로 항목을 좁혀서 노트에 적기로 했다.

자기 투자로 마라톤을 시작했다. '투자'에 사용하는 절대 금액이 늘었고 마라톤을 시작함으로써 절약되는 다른 비용들을 모아 저축하기로 했다. 저축 목표 금액을 수입의 $\frac{1}{5}$로 결정했다.

그후

1년 후에 저금이 1000만 원으로 늘었다. 저축이 늘자 자신감이 붙었고 여자친구도 생겨서 3년 뒤에 결혼할 계획을 세웠다. 결혼 자금으로 5000만 원을 모으겠다는 목표를 설정하고 열심히 저축하고 있다.

셋째 달을 마치고

주부 B

'금액만 기록하기' 방법으로 꾸준히 기록하는 습관을 들였다. 시간이 지나면 서 자연스럽게 항목까지 기록하게 되었고 세 가지 잣대로 가계를 파악하는 안목을 길렀다.

원래는 저금이 1500만 원 정도밖에 되지 않았는데 1년에 1200만 원씩 모아 지금은 저축 총액이 5300만 원이다. 내 집 마련은 상황을 지켜보면서 결정 할 계획이며, 자녀 교육비 걱정이 없도록 앞으로 3년 동안 열심히 노력해서 1억 원을 모으는 것이 목표다.

맺는글 **돈 걱정 없애 주는 평생 습관**

돈에 대한 전문가로 일하다 보니 돈에 관한 질문에 대답하고, 조언하고, 새로운 지식을 습득하는 게 생활이다. 실제로 재무 상담을 하면서 절실하게 느끼는 것은 돈 문제에는 그 사람의 생활이나 사고방식 등이 얽히고설켜 있어 돈 이야기만으로 해결할 수 없다는 것이다.

원론적인 조언만으로 간단하게 개선된다면 아무도 나를 찾아오지 않을 것이다. 우리는 모두 똑같은 매뉴얼대로 작동하는 기계가 아니라 인간이다. 각자 자신에게 맞는 개선책이 필요하다.

전문가라면 자신의 생각에 책임을 가지고 말해야 한다고 믿는다. 그래서 출간 제안을 받아도 찬찬히 생각해 본 후에 어렵겠다싶으면 거절할 때도 많은데, 이 책은 의뢰를 받자마자 그 자리에서 승낙했다. 예전부터 돈이 아니라 물건과 생활부터 근본적으로 개선해 나가야 한다고 생각해 왔기 때문이다.

그래서인지 지금까지 많은 책을 썼지만 다른 어떤 책보다도 이 책을 가장 즐겁게 집필했다. 그런 내 마음이 여러분에게 전해지기를 바란다. 저자로서 자기 생각과 다른 내용을 독자에게 전달하는 것만큼 슬픈 일은 없다.

마지막으로 한 가지 더 부탁하고 싶은 것이 있다.

아무래도 쑥스러운 말이지만 나는 여러분이 모두 행복해지길 바란다. 이렇게 말하면 추상적이고 허례허식처럼 들릴지도 모르겠지만 이것이 내 진심이기에 이렇게 전한다. 고객들과 상담할 때면 '정말 열심히 살아가시는구나.' 하고 느낄 때가 많다. 직면하고 싶지 않은 일을 마주하고 나약한 자신, 비겁한 자신과 맞서 싸우며 노력하는 모습을 많이 봤기 때문이다.

돈 때문에 힘들고 고단해서 삶의 다른 요소들을 외면하고 살지 않기를 바란다. 돈에서 인생의 가치를 찾고 절약과 저축을 위해 노력하는 삶이 틀렸다는 것은 아니다. 그들도 그들 나름의 생각과 가치관이 있을 것이다. 다만 내가 사람들에게 인생에서 돈을 최우선으로 하는 삶을 권하지 않을 뿐이다. 살다 보면 괴로운 일도 많겠지만 삶 자체는 이미 행복해질 수 있는 요소를 많이 가지고 있다. 행복해지기 위해 노력해야 행복을 발견할 수 있고 이런 사람만이 행복에 도달할 수 있다.

내 컨설팅으로 고객이 금전적인 문제에서 해방되는 것도 보람

찬 일이지만, 그보다는 입에 돈을 달고 살던 고객이 인생에 돈보다 즐겁고 값진 일이 있다는 사실을 깨달았을 때 훨씬 큰 보람을 느낀다. 90일 프로그램 덕분에 여러분이 꿈꾸던 생활이 실현되거나, 실천하는 과정에서 변화하고 있다는 느낌에 기쁨을 느낀다면 더없이 보람찰 것이다.

끝으로 이 책의 편집을 담당해 준 다이와쇼보의 다네오카 겐 씨에게 감사의 마음을 전한다. 그리고 이 책을 읽어 주신 독자 여러분에게도 진심으로 감사드린다. 언젠가 만나서 직접 이야기를 나눌 수 있는 날이 오기를 즐거운 마음으로 고대한다.

2016년 5월의 좋은 날
요코야마 미츠아키

저절로 돈이 모이는 초간단 재테크

90일 완성 돈 버는 평생 습관

초판 1쇄 발행 2017년 3월 3일
초판 14쇄 발행 2024년 1월 22일

지은이 요코야마 미츠아키 **옮긴이** 정세영

발행인 이봉주 **단행본사업본부장** 신동해
디자인 석운디자인 **일러스트** 배성규
마케팅 최혜진 백미숙 **마케팅** 반여진 허지호 정지연 송임선
국제업무 김은정 김지민 **제작** 정석훈

브랜드 걷는나무
주소 경기도 파주시 회동길 20
문의전화 031-956-7208 (편집) 031-956-7129 (마케팅)
홈페이지 www.wjbooks.co.kr
인스타그램 www.instagram.com/woongjin_readers
페이스북 www.facebook.com/woongjinreaders
블로그 blog.naver.com/wj_booking

발행처 ㈜웅진씽크빅
출판신고 1980년 3월 29일 제406-2007-000046호

한국어판 출판권 ⓒ 웅진씽크빅, 2017
ISBN 978-89-01-21504-4 03320